AF453012

DE L'INDÉPENDANCE

DE

LA LOI CIVILE.

A. GUYOT et SCRIBE, Imprimeurs de l'Ordre des Avocats à la Cour de cassation et
au Conseil d'État, rue Neuve-des-Mathurins, 18.

DE L'INDÉPENDANCE

DE

LA LOI CIVILE

ÉCRIT EN 1804 ET 1805

PAR M. LE COMTE BOSSI,

Ancien Ministre et chargé d'affaires, membre de la Commission exécutive du
Piémont, ancien Préfet, Officier de la Légion-d'Honneur,
membre de plusieurs Ordres étrangers.

PARIS

CHEZ A. GUYOT ET SCRIBE, IMPRIMEURS-LIBRAIRES,
RUE NEUVE-DES-MATHURINS, 18.

1859

La vie de l'auteur de l'*Indépendance de la Loi civile* a déjà
été écrite; pourtant j'ai cru devoir faire précéder son ouvrage
du récit de ses principaux faits, soit pour rectifier quelques
erreurs, que des personnes moins munies de renseignements
exacts ont pu commettre, soit pour expliquer, par ce récit,
les circonstances qui ont conduit mon père à écrire cet ouvrage.

Certes, le principal motif a été l'immense amour qu'il portait
à ses semblables, sentiment qui, chez lui, dominait tous les
autres, et dont sa vie est une suite de preuves; aussi je ne
m'étendrai ni sur la loyauté de son caractère, ni sur la bonté de
son cœur, ni sur ses facultés intellectuelles qui le classeront
parmi ceux que l'Histoire inscrit dans ses plus belles pages; je
ne dirai seulement que ce qu'il est nécessaire de savoir de lui
pour comprendre mieux l'intention générale de son ouvrage et
les sentiments qui en ont dicté quelques passages.

Ainsi, le séjour qu'il fit pendant sa carrière diplomatique
dans presque toutes les cours de l'Europe l'avait mis à même
d'étudier sur place et en face de l'application, les lois de ces

différentes nations, de juger ce qui pouvait n'être que local seulement, et de constater cette grande vérité que l'homme étant le même partout dans ses besoins, ses intérêts et ses passions, la loi qui réglait ses droits et ses intérêts devait être la même partout dans son indépendance.

Lors de son premier poste diplomatique, âgé de vingt-cinq ans, il eut à s'occuper d'une affaire commerciale de la plus haute importance pour le Piémont; le succès qu'il y obtint fut peut-être la cause qui le détermina à s'occuper d'administration; jusque-là il avait été poète plus qu'autre chose.

Pendant les quelques années qu'il tint le pouvoir comme chef de la commission exécutive, il fut à même de prouver toute sa capacité comme administrateur, et cela d'une manière irrécusable, car la plupart des lois qu'il fit décréter en ce temps furent conservées non-seulement par l'administration française, mais par un roi qui, à son retour de l'île de Sardaigne, voulant effacer la trace de tout ce qui avait été fait pendant son absence, fit abattre même les monuments!

C'était un grand triomphe que cette exception en faveur des lois de mon père; mais c'est qu'elles étaient incontestablement nécessaires au bien du pays, et que dans ces ordres de destruction il fallait voir seulement l'horreur de l'étranger.

Sa nomination en Valachie comme commissaire-général de la république française près les hospodars de Moldavie et de Valachie, était une preuve de confiance dans ses qualités administratives; par suite de la disgrâce dans laquelle le refus de cette mission l'avait fait tomber lorsque l'empereur Napoléon I⁰ l'appela en France en lui donnant un emploi très-inférieur à tous ceux qu'il avait remplis jusqu'alors, ce fut encore en qualité d'administrateur ; il fut le premier étranger nommé préfet en France.

Traversant la première Restauration, les Cent-jours et la seconde rentrée des Bourbons, il sut maintenir l'ordre ; dans des moments où les esprits étaient si exaltés, il sut, tout en les calmant, ne pas se faire un ennemi. Aussi, lorsqu'il désira rentrer dans la vie privée, il n'eut à conserver que le souvenir d'amis qui n'ont jamais cessé de lui donner des marques d'estime et d'affection.

Je ne puis terminer sans faire remarquer l'époque où mon père a écrit cet ouvrage, époque déjà si éloignée de nous par les nombreux événements qui nous en séparent, que beaucoup de passages paraîtront inutiles, superflus, surannés ; mais j'ai religieusement fait imprimer sans rien changer.

On comprendra facilement le vrai mérite de l'ouvrage, en se reportant à ce temps-là, c'est-à-dire à deux ans avant le Code Napoléon, et l'on partagera mon opinion que les longs et fréquents entretiens de l'auteur avec le premier consul avaient préparé une partie des articles qui rendent ce Code le premier du monde.

Aurélie BOSSI, Princesse de LA TOUR D'AUVERGNE.

NOTICE SUR L'AUTEUR.

M. le comte Charles-Aurèle Bossi, fils aîné du comte Bossi
de Sainte-Agathe, naquit à Turin le 15 novembre 1758 ; il fut
reçu docteur en droit à l'université de cette ville en 1780. Pendant le cours quinquennal de jurisprudence qui devait précéder
le doctorat, M. Bossi suivit les leçons de littérature grecque et
italienne du célèbre abbé Denina dont il devint bientôt l'intime
ami. Dès l'âge de dix-neuf ans, il publia deux tragédies, *Rea
Silvia* et les *Circassiens,* qui eurent beaucoup de succès. Deux
ans après, il dut à ses poëmes sur la mort héroïque du prince
Léopold de Brunswick et sur le règne de Joseph II, le nom de
premier poète lyrique de l'Italie ; mais ces poëmes, remplis
d'idées philosophiques trop avancées pour le temps et l'esprit
du pays, effrayèrent la magistrature. On préféra le faire entrer
dans la diplomatie, et il fut nommé, en 1783, secrétaire de lé-
gation à Gênes, puis, six mois après, chargé d'affaires près
cette même république. Ce fut pendant son séjour à Gênes que,
chargé d'un approvisionnement de grains, la manière dont il
s'en acquitta révéla pour la première fois ses hautes capacités
administratives. L'importance des services n'est pas toujours

proportionnée à l'importance des objets : ce sont les circonstances dans lesquelles on les rend et les difficultés surmontées qui en relèvent la valeur ; aussi l'on ne fut pas étonné peu après de le voir appelé à remplir à Turin les fonctions de sous-secrétaire d'État au ministère des affaires étrangères. Il y resta jusqu'en 1792, époque où il fut nommé chargé d'affaires en Russie ; mais, au moment de son départ pour Saint-Pétersbourg, il fut chargé par le roi d'une mission toute confidentielle près S. M. le roi de Prusse. Voici dans quelle circonstance :

La nouvelle de l'invasion de la Savoie et du comté de Nice venait d'arriver à Turin et y avait porté la consternation. Ce fut alors que le roi donna l'ordre à M. Bossi de partir subitement, de se rendre au quartier général du roi de Prusse, partout où il serait, d'exposer les dangers de la situation de son souverain, et de tâcher de découvrir la nature et l'étendue de l'engagement qui liait la Prusse et l'Autriche relativement à la France. Toute l'Europe retentissait du nom de coalition, et de fait, les Pays-Bas, la Savoie, Nice et une partie de la Hollande étaient déjà envahis ; il n'existait pourtant encore alors qu'un engagement vague entre la Prusse et l'Autriche, la première de ces deux puissances se réservant de voir la marche des événements.

M. Bossi arriva à Francfort peu d'heures après l'entrée du quartier général prussien ; il alla loger à la même maison où était descendu le roi, parvint à gagner la confiance de MM. Lucchesini et Bischoffswerder, fut reçu avec une rare bienveillance par le roi, et eut le bonheur, en peu de semaines, de remplir dans toute son étendue le but de sa mission. Les notions précises qu'il acquit à Francfort le mirent à même d'envoyer à sa cour un plan d'opérations qui, s'il eût été suivi, aurait assuré la neutralité de l'Italie, accéléré la paix générale, et empêché bien des désastres. Mais, comme il le disait lui-même, « la passion dominait et la Providence en avait ordonné autrement. »

Convaincu, par ce qu'il avait vu à Francfort, de l'importance du rôle que la cour de Russie jouait dans les affaires de l'Europe à cette époque, il désira plus vivement encore se rendre à son poste. Il partit donc pour Saint-Pétersbourg; mais M. de La Turbie ayant désiré rester encore en Russie pour, disait-il, terminer des négociations commencées par lui, M. Bossi, au lieu d'y arriver comme chargé d'affaires, fut, avec la qualité de conseiller du roi, chargé de travailler d'accord avec le ministre. Peu après, ce dernier ayant été rappelé en Piémont, il le remplaça et resta accrédité près la cour de Russie jusqu'en 1796. C'est pendant l'espace de ces quatre années qu'il étudia le système gouvernemental de cette grande nation, et qu'il conçut pour son organisation les sentiments qui ont dicté les pages écrites dans son ouvrage sur l'indépendance de la loi civile. La France n'ayant plus de représentant à Saint-Pétersbourg, c'était M. Bossi qui était chargé des intérêts des Français alors en Russie; ce fut sous ce double aspect qu'aussitôt après l'avénement au trône de Paul Ier il reçut l'ordre de quitter Saint-Pétersbourg dans le plus bref délai. Quoique cette mesure fût également prise envers les représentants de l'Espagne et de l'Angleterre, des publicistes allemands n'en firent pas moins grand bruit, criant contre le jacobinisme du ministre piémontais. M. Bossi ne crut pas devoir répondre à leurs attaques, d'autant plus qu'aussitôt son retour à Turin, le roi le nomma Ministre résident près la république de Venise, et lors de l'anéantissement de cette république, il fut envoyé

comme député du roi près le général en chef de l'armée française en Italie, mission de la plus haute et de la plus intime
confiance, que M. Bossi eut la satisfaction de remplir de manière à sauver, au moins pour le moment, la monarchie piémontaise de l'imminent danger qui la menaçait. A son retour,
il fut nommé Ministre résident près la république batave pour
y renouveler les anciennes liaisons qui primitivement avaient
existé entre les deux États.

Ces trois marques de confiance reçues de la part d'un souverain qui ne manquait pas de sagacité, et qui certes n'était
pas un Jacobin, puisque, malheureusement pour lui et pour
ses sujets, il avait persisté dans son état de guerre avec la
république française, même après que celle-ci eût été formellement reconnue par la Prusse et l'Espagne, ces marques de
confiance donnèrent suffisamment raison au silence que M. le
comte Bossi avait gardé sur les attaques dont il avait été
l'objet.

Ce fut en Hollande, où il était encore Résident du roi, qu'il
apprit l'abdication de son souverain, lequel avait cédé ses États
d'Italie à la république française pour en obtenir la permission
de se retirer en l'île de Sardaigne. Un courrier, expédié par le
général Joubert, lui en apporta la nouvelle à La Haye, avec
une copie de la convention signée par le roi, de plus, une invi-
tation pressante de venir l'aider de ses conseils, pour assurer
le bonheur et la liberté de sa patrie.

En appelant ainsi M. Bossi, le général Joubert avait cédé
avec plaisir à la voix publique qui désignait en lui le même
homme que, durant sa résidence en Hollande, en qualité de
commandant en chef de l'armée franco-batave, il avait eu occasion de connaître sous le double rapport de poète célèbre et de

ministre éclairé. Ceux qui prétendirent depuis tirer des inductions défavorables de la liaison amicale contractée par un ministre du roi de Sardaigne avec un général français, ignorent, à ce qu'il parait, que le roi de Sardaigne, étant l'allié forcé de la république française, qui pouvait le détrôner d'un mot, ainsi qu'elle le fit plus tard, les instructions les plus précises et le devoir le plus strict de sa place obligeaient M. Bossi à cultiver et gagner la confiance des principaux fonctionnaires, lors même qu'il n'y eût pas été porté naturellement, comme pour le général Joubert, par une estime méritée et une vive amitié (1).

Ce fut alors que M. Bossi vint pour la première fois en France; il désirait connaître et juger par lui-même les inten-

(1) M. Bossi ne fut pas d'ailleurs le seul employé de sa cour admis dans le gouvernement provisoire : le procureur général du roi, le contadeur général de l'armée, l'avocat général des pauvres, plusieurs autres magistrats et professeurs de droit et des membres des plus grandes familles du Piémont, firent également partie de cette réunion d'hommes d'État. On sait que l'esprit opiniâtre de parti se fait un jeu cruel de poursuivre de préférence les hommes les plus doués de talents et de vertus qui ont consenti à servir le parti contraire à leur opinion, lorsque les chances, en tournant, leur redeviennent propices. Cette doctrine, essentiellement funeste à la société, peut du moins trouver quelque excuse dans l'exaltation des esprits, lorsqu'il s'agit des révolutions intérieures d'un État; mais c'est le comble de la déraison que de l'appliquer à la conquête étrangère.

Que deviendrait l'ordre social, quelle garantie y aurait-il pour les fortunes particulières, si chaque fois qu'une province, un État sont envahis par une armée étrangère, tous les hommes probes et habiles prenaient la fuite et laissaient le champ libre aux ignorants et aux intrigants qui ne manquent jamais, en ce cas, d'aller offrir leurs services au vainqueur? Il se verrait obligé de les employer, faute de mieux, car il faut toujours que la justice soit rendue, que les contributions soient levées et réparties, et que la police veille pour empêcher les crimes ou dénoncer à l'autorité les désordres commis par la soldatesque, si encline à regarder comme son propre bien la fortune mobilière des pays conquis.

tions du Directoire sur l'Italie et sur le Piémont particulièrement. Y avait-il possibilité de rendre le Piémont à la maison
de Savoie, d'en faire un État libre, indépendant, sous la protection de la république française; ou fallait-il le laisser incor-
porer à cette même république?

Avant d'engager ses concitoyens dans une de ces trois rou-
tes, il voulut, mettant de côté toute préférence personnelle,
connaître celle qui était la plus avantageuse à son pays. Pendant son séjour à Paris, il eut la certitude de l'impossibilité de
la première; la seconde était chanceuse, difficile à soutenir, et,
dans un moment donné, elle n'eût amené que des sacrifices
inutiles; la troisième présentait, en s'y soumettant de bonne
grâce, la seule chance favorable. Il l'adopta donc, et, à son
retour, malgré la vive opposition qui lui fut faite et par les
ultrà-royalistes et par les ultrà-libéraux, il finit par faire prévaloir son opinion.

Après un long débat, les chefs même de ce qu'on appelait le
parti Italien, furent tellement convaincus de la force des raisons
alléguées par M. Bossi en faveur de la réunion, qu'ils s'offri-
rent eux-mêmes pour aller recueillir dans les provinces les
votes de toutes les classes de citoyens appelés, sans exception,
à émettre leur vœu sur cette grande question nationale. Plus
de quatre mille procès-verbaux, contenant au-delà d'un million
de signatures, constatèrent l'universalité de ce vœu, émis avec
la plus grande tranquillité, souvent même avec enthousiasme.
M. Bossi fut député par le gouvernement provisoire avec deux
autres de ses membres (1), pour apporter au Directoire le résul-

---

(1) M. le comte Castellamonte, ancien ministre du matériel de la guerre, et
ensuite membre de la Cour de cassation en France, sous l'Empire et sous la
Restauration, et M. Sartoris, ex-professeur de chimie.

tat des votes et solliciter soit une prompte réunion à la France,
soit une décision quelconque qui fixât la destinée politique du
Piémont.

La nouvelle coalition de l'Europe contre la France n'était alors
plus douteuse; les armées étaient en marche, la reprise des
hostilités imminente. Le Directoire, attaqué en même temps
par les factions de l'intérieur, ne crut plus le moment favorable
pour effectuer cette réunion; il craignit de fournir à ses ennemis de nouveaux prétextes en attribuant à ses projets ambitieux
la cause de la nouvelle guerre qui était à la veille d'éclater;
mais néanmoins, voulant se ménager le moyen d'effectuer cette
réunion au premier moment favorable, il prit, après deux mois
d'hésitation, un parti mixte qui ne satisfit personne : il arrêta
que l'administration française serait provisoirement introduite
en Piémont, sans le déclarer constitutionnellement réuni à la
France.

Cette mesure partielle et intempestive eut le double incon-
vénient de détruire l'action de l'organisation existante au moment où l'on avait le plus besoin de toute son efficacité, et de ne
pouvoir imprimer à la nouvelle la considération et la force nécessaires pour créer et multiplier ses ressources, que l'approche
des armées ennemies rendait indispensables.

Dans des circonstances si critiques, M. Bossi fut nommé
commissaire du directoire exécutif près l'administration cen-
trale de l'Eridan, chef-lieu Turin, et s'y rendit en toute hâte;
mais à peine y était-il arrivé, que l'armée française par une
retraite précipitée, rejeta cette pauvre contrée dans le chaos
dont elle venait à peine de sortir.

Le quartier général de l'armée française ayant quitté Turin
pour aller prendre position sur la crête des Apennins, entre

Alexandrie et Gênes, toute la plaine se trouva bientôt occupée par l'ennemi, et l'administration piémontaise dissoute dans toutes ses parties. Le noyau principal dans lequel se trouvait M. le Comte Bossi tint bon pendant quelques semaines dans les vallées vaudoises, et c'est de là que par sa contenance il retarda l'insurrection qui régnait de tous côtés, et facilita à un grand nombre de détachements isolés et de convois de blessés le moyen de passer le Rhône et de regagner le territoire français. M. Bossi et ses collègues ne quittèrent qu'à la dernière extrémité ces étroites gorges des Alpes, dans lesquelles ils purent, quoique avec peine, se soustraire à l'avant-garde ennemie. Reconnaissant de l'hospitalité des Vaudois, et témoin de leur bravoure et du dévouement héroïque avec lequel ils avaient risqué leur vie pendant plus de six semaines pour transporter, à travers les glaciers et les neiges, les blessés français et italiens qui étaient assez heureux pour arriver jusque-là, M. Bossi, à sa rentrée au gouvernement, leur témoigna sa reconnaissance par un décret aussi honorable qu'avantageux pour eux (1).

(1) On sait que les Vaudois professent le culte protestant, et que leur séparation de l'Église romaine est antérieure, même de plusieurs siècles, à la réforme luthérienne et calviniste à laquelle leur culte s'est trouvé presque entièrement conforme, sans qu'ils s'en fussent douté. La population protestante de ces vallées s'élevait jadis à plus de soixante mille habitants; mais les persécutions de Louis XIV, qui obligea le duc de Savoie à se joindre à lui pour exterminer ces hérétiques, a réduit de beaucoup leur nombre, qui n'est plus maintenant que de trente mille. Ce fut l'intervention impérieuse de Cromwell qui fit cesser la persécution; aussi, depuis cette époque, les Vaudois demeurèrent sous la protection spéciale de l'Angleterre qui, dans tous ses traités avec la maison de Savoie, ne manque jamais de faire renouveler la garantie du libre exercice du culte protestant dans ces montagnes. Le zèle des Anglais alla même plus loin, et tous les ans une collecte se faisait à Lon-

Retiré en France durant tout le temps que le Piémont fut
occupé par les Austro-Russes, témoin des déplorables excès
des factions qui déchiraient sa patrie, et devant penser que la
nouvelle coalition serait assez puissante pour empêcher les armées françaises, affaiblies et si difficiles à recruter, de repasser
les Alpes, il crut, en sa qualité d'ancien agent diplomatique
d'un souverain qui paraissait alors à la veille de rentrer dans ses
États, devoir suspendre toutes démarches qui pussent le contrarier. Il s'éloigna, à cet effet, des autorités françaises, ne vit
que deux fois, et en audience publique, le premier consul dont
il était particulièrement connu, et ne voulut recevoir aucun des

dres pour l'entretien des Églises vaudoises et des ministres de leur culte.
Dans la position où se trouvait le Piémont en 1801, M. Bossi pensa que la
politique, d'accord avec la justice, conseillait d'affranchir ces vallées des
subsides anglais, et il rendit un décret, en sa qualité de président de la
commission exécutive, qui, par des dotations suffisantes, assurait le maintien du culte vaudois. Deux ans après, lorsque le Piémont fut réuni à
la France, l'administration des domaines et de l'enregistrement mit le sé-
questre sur les biens qui avaient été affectés à l'exécution du décret.
M. Bossi, qui était alors préfet du département de l'Ain, en fut instruit, et
aussitôt il s'adressa directement à l'empereur, qui, s'étant fait rendre compte
de l'affaire, ne balança pas un instant à faire tranquilliser les Vaudois sur
les craintes que l'exigence de l'administration leur avait inspirées. Ils res-
tèrent donc possesseurs des bienfaits de la commission exécutive, jusqu'à la
restauration piémontaise ; mais, à son retour, le roi, parmi les mesures prises
pour remettre tout dans l'état où il l'avait laissé seize ans auparavant, fit
supprimer les dotations faites aux églises Vaudoises ; lorsque la spoliation
fut entièrement consommée et toutes les réclamations restées sans effet, le
comte Bossi, qui se trouvait à Londres, fut à même, par son crédit et son
habileté, de leur porter secours, et, par un singulier effet des circonstances,
il se servit pour cela de cette même Angleterre dont il les avait affranchis
précédemment. Ce fut avec l'appui du ministère anglais qu'on put obtenir un
arrangement pour les Vaudois qui assurât au moins leur liberté religieuse.

secours accordés par le gouvernement français aux réfugiés italiens. Mais si cette réserve lui était imposée par le souvenir des liens qui l'avaient uni à son ancien souverain, l'amour de la liberté et des idées nouvelles lui interdisait plus fortement encore de rentrer au service d'un gouvernement despotique, et, livré tout entier au désir de vivre simple citoyen d'un pays indépendant, soit en France, soit en Amérique, il se tint à Paris dans une retraite absolue pendant tout le temps que dura cet état incertain.

Il y était encore lorsque la victoire de Marengo, détruisant pour le Piémont tout espoir de retour sous ses anciens rois, et rouvrant une carrière plus brillante que jamais aux armes françaises, fit bien plus que reporter les choses dans l'état où elles étaient lorsque le Piémont avait voté sa réunion à la France.

M. Bossi, qui vivait toujours à Paris, éloigné des affaires, ne fut pas compris dans le gouvernement organisé par le major-général de l'armée française en Italie; mais ce même gouvernement le nomma quelques semaines après son ministre plénipotentiaire près la république de Gênes. A peine était-il arrivé à son poste qu'un courrier du général Jourdan lui apporta le décret du premier consul, qui supprimait l'organisation faite par le général Berthier et concentrait le pouvoir exécutif dans une commission de trois membres. En nommant M. Bossi, le décret portait que c'était en lui que le gouvernement Français mettait toute sa confiance. Le pouvoir, et encore plus le crédit extraordinaire dont il venait d'être investi, faisant sentir à M. Bossi toute l'étendue de la responsabilité morale qu'il contractait, tant à l'égard de ses concitoyens que du gouvernement français, il prit le parti de se rendre en toute hâte à Paris, pour consulter le premier consul sur la direction qu'il devait donner à ses opérations administratives.

En effet, les hostilités n'étaient pas suspendues ; la guerre paraissait à la veille de recommencer, comme de fait elle recommença quelques mois après ; comment administrer un pays d'une manière qui pût convenir à trois hypothèses si différentes : sa formation en république ou en principauté indépendante, sa réunion aux républiques cisalpine et ligurienne, ou sa réunion à la France ? Plusieurs partis commençaient à se former pour l'une ou l'autre de ces suppositions ; en prenant de la consistance, ils auraient fait naître par la suite de graves difficultés, ou tout au moins jeté dans les familles de funestes germes de discorde, qu'une marche ferme du pouvoir exécutif vers un but déterminé pouvait seule empêcher. M. Bossi avait bien connu à ce sujet les intentions du Directoire, mais le gouvernement de la France se trouvant maintenant dans les mains du fondateur de la république cisalpine, italien d'origine, et croyant peut-être sa gloire plus intéressée à l'affermissement et à l'extension du territoire français qu'à l'agrandissement d'un État qu'il avait créé, on pouvait lui supposer des idées différentes de celles du gouvernement qui l'avait précédé.— M. Bossi, du reste, étant persuadé que, quelles que fussent à cette époque les vues de la France sur le Piémont, celui-ci n'ayant aucun moyen de s'y opposer, son véritable intérêt était de se soumettre de bonne grâce, pour diminuer les sacrifices et retirer le plus possible d'avantages publics et particuliers, saisit l'occasion d'aller réclamer en personne contre le décret qui venait de séparer le haut et bas Novarrais, pour le réunir à la Cisalpine. Il était près de minuit lorsque M. Bossi arriva à Paris ; il se rendit chez le premier consul, qui, quoique déjà couché, le fit entrer. Connaissant son caractère et sa discrétion, Bonaparte ne fit aucune difficulté de lui révéler ses pensées : le Piémont, dit-il, placé au centre et au pied des Alpes, dont déjà la république Cisalpine possédait les provinces latérales, était nécessaire pour leur jonction militaire ; il était une tête de pont, un pied-à-terre en Italie indispensable à la France autant pour fortifier son propre territoire que pour être plus prêt à porter secours aux États italiens ses alliés, lesquels étaient constamment menacés par l'Allemagne, qui pouvait, avec ses grandes armées, fondre en peu de jours sur le cœur de l'Italie ; enfin le Piémont deviendrait français par la victoire ou par les négociations, la république étant décidée à faire plutôt tout autre sacrifice que celui-ci à la paix générale. « Mais en vous confiant mon secret, songez, lui dit Bonaparte, que je vous en fais seul dépositaire ; réglez là-dessus vos mesures et votre conduite pour le bien de votre pays, sans vous regarder néanmoins comme officiellement informé de ce que je viens de vous dire. »

L'entretien avait duré quatre heures ; aussitôt après M. Bossi repartit, et le cinquième jour il avait repris les rênes du gouvernement piémontais. Nous n'entrerons dans aucun détail sur les opérations même les plus importantes du gouvernement qu'il dirigeait et dont le résultat a été la conservation et la sûreté des personnes et des propriétés. Des hommes les plus connus par leur aversion pour le parti dominant, furent sauvés et protégés par lui, et les Piémontais purent passer deux années après sans la moindre secousse sous le régime complet des lois françaises, ne présentant ensuite pendant treize ans aucune différence avec l'ancienne France.

Nous ne pouvons nous dispenser de faire remarquer que

l'obligation de prendre des mesures qu'on voyait manifestement
tendre vers un but qui déplaisait également aux partisans de la
royauté et à ceux de la république cisalpine, et dont la nécessité ne leur était cependant démontrée par aucune démarche
ostensible du gouvernement français, que cette manière d'agir,
disons-nous, ne pouvait manquer d'attirer sur les membres de
la commission, sur **M. Bossi** principalement, l'animadversion
la plus caractérisée, même de la part d'hommes que sa prudence et sa fermeté garantissaient de faux pas qui les auraient
perdus. La conduite de M. Bossi, juste toujours, mais dictée
par une marche tracée dans la prévision d'un avenir qu'il
connaissait, accrédita l'opinion qui généralement fut répandue
que la réunion du Piémont à la France n'aurait jamais eu lieu
sans lui. Cette opinion, toute absurde qu'elle fût, manqua
deux fois de coûter la vie à celui qu'elle honorait d'une importance qu'il était loin d'ambitionner.

La commission exécutive ayant été par la suite transformée
en conseil d'administration générale, M. Bossi fut nommé
membre de ce conseil et députe peu à près pour porter au
premier consul les renseignements que demandait le gouvernement français sur la meilleure manière d'opérer la réunion.
De retour en Piémont de cette mission qui n'eut pas de résultat décisif, M. Bossi continua à faire parti du conseil d'administration jusqu'en 1803, époque où décidement la réunion
eut lieu, ratifiant ainsi les assurances que M. Bossi n'avait
pas cessé d'en donner, depuis le commencement de 1799.

L'on vit alors qu'on lui était redevable non-seulement du
bien opéré au milieu des souffrances inséparables de l'état de
conquête, mais de mesures qui avaient empêché les fausses
démarches dont les suites eussent pu être funestes et incalcu-

lables. Le long discours prononcé par M. Rossi, en présence de l'administration générale et des commissaires organisateurs, contenant le résumé des opérations de la commission exécutive et du conseil général qui lui avait succédé, donna enfin au public l'explication de sa conduite, et l'on put juger alors des obstacles qu'il avait eu à surmonter pour amener tranquillement les choses à un tel dénouement. Ce rapport, en forme de clôture, fut le dernier acte de l'administration de M. Rossi dans son pays natal. Ce discours fut envoyé par le général Jourdan aux consuls, lesquels en témoignèrent par écrit leur reconnaissance au Comte Bossi ; peu de jours après il reçut par un courrier extraordinaire sa nomination de commissaire général des relations commerciales de la république française près les Hospodars de Moldavie et Valachie, avec ordre de se rendre à Toulon, pour s'embarquer sur la frégate qui devait porter le maréchal Brune à Constantinople. Quoique cette mission fût dans les goûts de M. Bossi, les circonstances prêtant à ce que ce pût être regardé comme un exil, et d'ailleurs, désirant pouvoir être à même de donner des explications sur son administration et hâter la fin de choses qui restaient encore à faire pour le bien de son pays, il ne crut pas devoir accepter et refusa dans des termes absolus et qui laissaient voir son mécontentement. Dès ce moment la scène politique changea pour lui : il avait été pendant cinq ans le principal organe du gouvernement français en Piémont; après bien des dangers et des vicissitudes, il avait fini par amener les événements au point qu'il avait primitivement fixé. Mais il n'était plus question de liberté en France; un seul homme y dominait, et quelque grand que fût cet homme, M. Bossi avait pour principe qu'un agent public peut bien se résoudre à rechercher la faveur d'un souverain pour l'intérêt des peuples, mais qu'il ne doit jamais le faire pour son propre compte.

Il fut donc complétement oublié pendant près de dix-huit mois; alors il apprit par le *Moniteur,* en janvier 1805, qu'il était nommé préfet du département de l'Ain. Ce fut au compte rendu par le Prince Louis Bonaparte, revenant de sa mission en Piémont, que M. Bossi dut ce retour de faveur; faveur peu grande, puisqu'elle le plaçait dans la hiérarchie des autorités administratives bien au-dessous d'individus de son pays qui étaient loin d'avoir rendu des services aussi éminents que les siens, et d'avoir parcouru une carrière aussi distinguée avant la chûte de l'ancienne monarchie.

Mais M. Bossi était encore dans l'âge propre à agir; il aimait la France, et fut du reste flatté de se voir le premier étranger appelé à administrer une province française; il oublia le passé, et tout entier à ses nouveaux devoirs, il administra pendant cinq ans le département de l'Ain, sans venir une seule fois à Paris. Comme il avait appris par le journal sa nomination à la préfecture de l'Ain, il apprit par la même voie, en 1810, qu'il venait d'être créé Baron de l'Empire et transféré à la préfecture de la Manche.

La statistique du département de l'Ain, dont il dirigea lui-même la rédaction, fut envoyée par le ministre de l'intérieur à tous les préfets pour leur servir de modèle; ce fut aussi pendant son séjour dans ce même département qu'il composa la plus grande partie de son *Oromasia,* poëme italien en douze chants, dans lequel, par une conception hardie et tout à fait originale, l'auteur est parvenu à resserrer dans un seul cadre et à décrire poétiquement les principaux faits de la révolution française;

depuis les causes qui l'ont amenée jusqu'au plus haut point d'élévation politique où la France soit parvenue.

Ce poëme, qu'on peut regarder comme inédit, puisque l'auteur n'en a fait tirer que quelques exemplaires pour ses amis, ne pourra être jugé que par la postérité.

M. Bossi conserva la préfecture de la Manche depuis avril 1810, jusqu'en juillet 1815. Cette époque fut en France, comme on sait, le commencement d'une nouvelle espèce de régime de terreur, auquel la prudence du roi ne put parvenir à mettre un terme qu'après trois ans d'efforts et avec le concours d'une représentation nationale. Quoique maintenu par l'ordonnance d'épuration générale des préfets, M. Bossi saisit la circonstance d'une démarche non moins illégale qu'inconsidérée que venait de faire à son égard le commissaire extraordinaire du roi dans la basse Normandie, pour venir à Paris manifester son désir de s'éloigner des affaires publiques.

M. Bossi profita de son inaction pour visiter la seule partie du nord de l'Europe qu'il n'eût pas parcourue dans sa carrière diplomatique; il rentra en France après les ordonnances de septembre, qui momentanément réduisirent au silence les prétentions de ce ceux qui se disaient plus royalistes que le roi. M. le Comte Bossi avait reçu de sa majesté Louis XVIII, en 1814, le grade d'officier de la Légion-d'Honneur et des lettres de naturalisation.

C'est aux habitants de l'Ain et de la Manche à prononcer si la mission de ce français adoptif dans leurs départements a été remplie à leur satisfaction; or de cela on ne peut douter, car le procès-verbal du conseil départemental de l'Ain en 1810, en offre une preuve bien authentique; de plus, la ville de Bourg voulut être marraine du premier enfant que M. Bossi aurait du mariage qu'il avait contracté pendant son séjour à Bourg. Quant au département de la Manche, quelle marque plus flatteuse pouvait-il lui donner de son estime et de son attachement qu'en exprimant formellement le désir de le voir maintenir dans son administration dans l'adresse qui fut présentée à Louis XVIII, lors de sa première restauration en 1814? Sensible aux preuves d'estime qui lui furent constamment donneés par les principaux propriétaires et les personnes les plus recommandables d'un département qu'il avait administré dans des temps si difficiles, M. Bossi, qui avait commencé à prendre quelques mesures pour son retour en Piémont, se décida en 1815 à rester en France au milieu d'une nation avec laquelle il sympathisait chaque jour davantage.

Après trente-cinq ans d'exercice de hautes fonctions politiques et administratives, M. Bossi rentra dans l'état de simple particulier, sans pension de retraite et sans autre fortune que celle dont il avait hérité de ses ancêtres. Il se fixa à Paris, où il mourut le 20 février 1822.

C... B...

DE L'INDÉPENDANCE

DE

LA LOI CIVILE.

CHAPITRE PREMIER.

Depuis longtemps l'indépendance du pouvoir judiciaire n'est plus un vœu stérile des bons citoyens ni un problème à résoudre aux yeux des souverains éclairés. Dans les États même où le pouvoir de donner des lois et celui de les faire exécuter se réunissent et se confondent dans une seule main, dans des monarchies que nous appelons absolues, parce qu'il n'y existe aucune barrière légale contre l'abus de l'autorité uniquement contenue dans les bornes de l'honnête par la force de l'opinion et la connaissance de son propre intérêt, dans quelques uns de ces États, dis-je, on a souvent vu le pouvoir judiciaire jouir de toute son indépendance, non-seulement en ce qui concernait les rapports des citoyens entre eux, mais dans les discussions même du prince avec ses sujets qui ne touchent pas directement à l'exercice de la souveraineté. On connaît la réponse du meunier de Potzdam à un des plus puissants monarques et des plus jaloux de son autorité qui aient figuré dans le siècle dernier, et l'on sait que ce souverain y a lui-même applaudi. Mais cette précieuse anecdote ne caractérise pas seulement la monarchie prussienne : le même état de jurisprudence existait plus ou moins dès le milieu du siècle passé dans presque toutes les monarchies de l'Europe, et du Nord plus particulièrement. Sorties, non sans peine, du cahos féodal; parvenues, après une longue lutte, à triompher complétement des prétentions seigneuriales et ecclésiastiques, le progrès non interrompu des lumières et la plus grande uniformité d'éducation qui s'en suivit dans les différentes classes de la nation, donnant plus de jeu, plus d'aisance aux ressorts politiques de ces monarchies, et leur permettant de se mouvoir et d'agir dans une sphère plus libre et plus spacieuse, en changeant peu à peu leur nature primitive, ces monarchies parvinrent à former des gouvernements d'une très-saine et très-vigoureuse constitution. Elles avaient atteint, ou paraissaient bien près d'atteindre le degré de perfection qui leur manquait encore pour en faire des gouvernements des plus propres à assurer le bonheur des hommes dans l'état actuel de la civilisation et de la division politique de cette partie du monde, lorsqu'un événement, qui semblait devoir accélérer l'époque de cette perfection désirée, après avoir leurré les hommes d'une apparence de succès supérieur même à leur attente, vint replonger tout à coup la malheureuse contrée qui l'avait enfantée dans la plus horrible anarchie dont on ait conservé le souvenir sur la terre, et risquer de faire rétrograder vers leur source les États monarchiques qui ne furent point engloutis dans cet abîme.

Mais si les tristes effets de la peur prévalurent, dans quelques États méridionaux, sur les calculs plus sûrs de la raison, les gouvernements du nord de l'Europe, plus sages parce qu'ils étaient plus forts et plus éclairés, en éprouvèrent beaucoup moins la funeste influence. Ces gouvernements, loin de redouter les lumières, continuent à les appeler auprès d'eux de toutes les parties du monde. Ils savent que, sans outrager le Créateur, on ne peut s'opposer au perfectionnement progressif de l'espèce humaine, qui est ici bas son plus bel ouvrage; ils savent que le juste et l'utile ne sauraient être deux choses opposées dans une grande administration; que tout exercice de pouvoir inutile est une charge qui n'a point de compensation ; que diminuer sa responsabilité, c'est diminuer l'odieux qui, toujours plus ou moins, est attaché aux moyens de l'acquitter;que simplifier les rouages d'une machine c'est la perfectionner, c'est en rendre l'emploi plus aisé, plus actif et d'un plus grand résultat ; en un mot, qu'il en est de la puissance exécutive comme de toutes les autres forces : la disséminer sur un trop grand nombre de points, c'est l'affaiblir; la réserver tout entière pour la seule action qui lui est propre et où il lui importe véritablement d'être forte, c'est la rendre invincible.

Aussi l'indépendance du pouvoir judiciaire, si essentiellement liée avec la sûreté individuelle et le respect des propriétés, si elle a, dans des cas rares et particuliers, éprouvé quelque atteinte passagère de la part de la puissance exécutive de ces gouvernements, ce fut, pour ainsi dire, en cachette que l'abus a été commis, mais le principe du moins n'a jamais été contesté. Tant il est vrai que s'il est difficile à la raison de percer le nuage épais des préjugés et d'asseoir son empire sur la chûte de l'erreur, elle n'est que plus sûre de garder longtemps cet empire lorsqu'elle l'a une fois conquis ; vérité qui doit soutenir le courage des écrivains philosophes, et consoler le genre humain des obstacles et des retardements que rencontre l'édifice de son bonheur.

Mais pendant que l'indépendance du pouvoir judiciaire est publiquement reconnue par la plus grande
partie des gouvernements monarchiques, lors même
qu'ils se permettent de la violer en secret, pourquoi
celle de la loi civile n'est-elle encore établie chez aucun ? L'instrument est censé libre, et la matière sur
laquelle il doit opérer ne l'est pas : c'est que la
maxime contraire a prévalu jusqu'à présent dans les
gymnases comme dans les cabinets. Les souverains,
on doit le dire, sont innocents d'une erreur qui a été
promulguée comme un trait saillant de génie, comme
la base de toute bonne législation par les philosophes
eux-mêmes. «Faites des lois pour les peuples auxquels
elles doivent être appliquées, et non pour les hommes
en général ; consultez leurs mœurs, leurs habitudes,
leur climat, leur religion, et assortissez surtout votre
législation à leur caractère ; faites-la cadrer avec le
gouvernement, si vous ne voulez pas faire un roman
au lieu d'un code de lois »; voilà le cri général des
auteurs, glossateurs, critiques et commentateurs des
ouvrages de jurisprudence ; ces hommes si peu d'accord entre eux sur le reste, le sont presque tous sur
cette étrange proposition ; de sorte qu'elle est devenue
une espèce d'axiôme de droit que personne ne s'est
avisé d'approfondir et de combattre. L'apparence, il
faut l'avouer, est toute en faveur de ce principe ; on

dirait qu'il est démontré par le seul énoncé; mais qu'on ose le décomposer, l'analyser, le suivre dans ses différentes applications à l'ordre social, et l'on en aura bientôt reconnu le danger et la fausseté. Assortir les lois civiles à l'état d'une nation tel qu'il se trouve, n'est-ce pas confirmer ses erreurs au lieu de les dissiper, fortifier ses vices au lieu de les corriger, arrêter le progrès naturel de sa perfectibilité, éterniser son enfance, la rendre stationnaire dans une mauvaise situation, au lieu de l'aider à en sortir? Les faire cadrer avec son gouvernement, qu'est-ce autre chose que de les soumettre aux intérêts de la puissance qui la régit? On l'a trop bien senti, et la maxime que la loi civile doit être subordonnée à la loi de l'État a été partout consacrée.

Cependant les États étant des êtres collectifs, des corps factices qui, par la nature et les formes de leur composition, peuvent infiniment différer entre eux, il est naturel que les constitutions destinées à les régir diffèrent entre elles presqu'autant que diffèrent les rapports qui se trouvent entre un État et un autre. Plus forts ou plus faibles, en raison de leur population ou de l'emplacement qu'ils occupent, de leur plus ou moins d'accessibilité, du plus ou moins de force dont sont doués les États voisins, les corps sociaux sont souvent obligés, pour se défendre et se

maintenir, de se donner des constitutions plus gê-
nantes et plus coactives les uns que les autres, ou,
disons-le, dont quelques-unes violent même les
droits naturels, et portent atteinte aux plus chères
affections de l'homme, à celles dont la garantie est
censée l'avoir fait primitivement consentir au sacrifice d'une portion de sa liberté individuelle. Mais il
n'en est pas de même de la loi civile : dans quelque
position que se trouve la société à laquelle un homme
appartient, il est ou doit toujours être fils, époux,
père, citoyen, négociant ou cultivateur; il doit toujours avoir la sûreté de sa personne et de sa propriété.
Qu'a à faire ici le climat? à moins qu'il ne soit de nature à empêcher les hommes de quitter leur primitive
indépendance, à moins qu'il ne dégrade tellement
leurs organes, que les habitants d'un tel climat n'aient
plus de commun avec le nôtre que la configuration des
parties les plus matérielles et qui tiennent le moins à
ce qui constitue la véritable nature humaine? Dans ce
cas, est-il bien raisonnable de transformer une exception en règle générale, et de subordonner la plus in-
téressante et la plus nombreuse partie du genre humain aux cœurs dénaturés et aux cerveaux déréglés
de quelques hordes de sauvages qui méritent à peine
d'y être compris? L'homme de la Chine et du Japon
n'a-t-il pas les mêmes besoins, les mêmes concupis-

cences que celui de Londres et de Paris? Dans une
contrée comme dans l'autre, sous des formes d'administration générale si différentes, le Chinois, l'Anglais et le Parisien désirent la richesse, parce qu'elle
procure des jouissances, et travaillent pour l'acquérir,
les uns par des procédés honorables, les autres par des
moyens illicites. Ils sont avares ou prodigues, ambitieux ou apathiques; le même frein les arrête, le
même aiguillon les pousse, pourquoi ne seront-ils pas
régis par les mêmes lois dans les successions, dans
les contrats, dans les récompenses ou dans les peines
qu'ils ont méritées? Pourquoi tel délit, qui n'est puni
en France que de quelques années de réclusion ou de
travaux forcés, l'est-il, vingt lieues plus loin, par la
perte ignominieuse de la vie, sans que les circonstances les plus atténuantes, l'âge et le sexe des coupables
apportent le moindre adoucissement à l'exécution
d'une loi si barbare? Les brouillards de la Tamise et
la vivacité de l'atmosphère française peuvent-ils jus-
tifier une si énorme différence d'opinion législative
dans une matière de cette importance? Je ne crois pas
que personne s'avise de soutenir un semblable para-
doxe. Pourquoi donc existe-t-il au sein d'une des nations les plus éclairées de l'Europe, une légilas-
tion de sang que réprouvent également la justice et
l'humanité? C'est qu'en Angleterre on a fait entrer

des vues politiques dans la législation civile, et
qu'on a voulu compenser, par la rigueur des lois répressives la faiblesse et l'incapacité de la police pré-
ventive; système qui accuse l'irréflexion et la paresse
de l'administration, système absurde autant qu'atroce,
dont les conséquences, chez un peuple qui craint bien
moins la mort que la misère, sont même souvent tout
autres que celles que le législateur s'en était promises.
Disons-le franchement et sans détour, l'influence que
ne peut avoir le climat peut encore moins être accor-
dée à la forme de gouvernement dont les règles, aussi
changeantes que ses intérêts, ne sauraient avoir pour
base la loi naturelle ; cette loi est aussi constante dans
ses dispositions que le sont les éléments constitutifs
de notre être, mais ses préceptes ne peuvent rigoureusement nous guider que dans les rapports d'homme à
homme et non pas d'homme à gouvernement. La
science des lois qui doivent nous régir dans les premiers de ces rapports est en conséquence bien plus
capable d'atteindre la perfection d'une science mathématique, que ne peut l'être celle des différents modes
de constitution convenables aux différents corps politiques. Les intérêts de ceux-ci sont, pour ainsi dire
hors l'état de nature, excepté en tant qu'ils se
rapprochent des intérêts même des simples individus,
approximation qui est la véritable mesure de leur

perfectionnement. Bien au contraire, les rapports des
citoyens entre eux ne sont que de pures et simples
émanations de la loi naturelle ; la civilisation leur
prête son coloris, mais le fond en est et n'en devrait
jamais être que le même. Si l'on n'a pu parvenir jusqu'à présent à avoir une jurisprudence mathématique,
je veux dire une jurisprudence qui découle rigoureu-
ment et par théorie de la loi naturelle, ce n'est pas
que les éléments en manquent, ils sont aussi sûrs et
incontestables que ceux de la physique genérale ;
mais, pour les coordonner à leur but naturel, il fallait premièrement les dégager de tout alliage politique, et, malheureusement pour l'espèce humaine,
la loi civile n'a jamais été qu'un objet secondaire,
tant pour les fondateurs des empires que pour les
instituteurs des républiques. Ceux – ci particulière-
rement ne crurent presque jamais l'avoir assez assu-
jétie, décharnée, écrasée, pour s'assurer le triomphe
de la constitution. C'est la forme constitutive du corps
social, celle dont il prend sa propre physionomie et
son *moi*, qui dut, de nécessité, absorber la principale
attention des législateurs ou réformateurs des petits
États, et presque tous les États ont été petits dans leur
origine. L'Europe ancienne ne présente aucun grand
État civilisé avant la république romaine ; ceux de
l'Asie étaient déjà tombés, à l'époque où l'histoire

commence à sortir des domaines de la fable, dans un tel degré de servitude et d'abrutissement, qu'ils étaient incapables de pouvoir sentir et apprécier la possibilité qu'ils avaient de laisser à la loi civile une indépendance dont le sacrifice n'était ni nécessaire à leur conservation ni utile même au plus grand développement de leur puissance extérieure. Cependant, de ce que le fait existait, il se trouva bientôt des savants qui prétendirent que les choses ne pouvaient pas aller autrement. Éblouis par l'éclat que jetèrent quelques-uns des États, où tous les plus chers intérêts, toutes les affections personnelles ou de famille avaient été immolés à la loi politique, de grands écrivains même ne balancèrent pas à prononcer que l'État le mieux constitué était celui où la loi civile et la loi politique ne faisaient qu'un, ce qui est autant dire, où la première était entièrement immolée à la seconde, et par conséquent où il n'y avait pas de véritable loi civile. Ces écrivains ne calculèrent point par combien de sacrifices continuels de ce que l'homme estime et chérit le plus, par combien de peines intérieures, de privations et de larmes les membres qui composaient cet État payaient la gloire qui en parait la surface; ils le crurent heureux parce qu'il était puissant, ils le crurent mieux constitué que d'autres, parce qu'il avait plus de moyens de leur nuire.

C'est à combattre une erreur si funeste à l'humanité qu'est destiné cet écrit. Si je parviens à établir de la manière la plus évidente que la loi civile, c'est-à-dire celle qui régit et protége les rapports des citoyens entre eux, est le premier objet que les hommes se sont proposé en se rassemblant en corps de société; que la loi politique, c'est-à-dire le gouvernement, sa force et ses ressorts, n'ont pu être imaginés qu'après et pour défendre et maintenir la société, soit contre le choc des corps extérieurs, soit contre les atteintes partielles de quelques-uns de ses membres; que la première est l'objet, la seconde le moyen; que, différentes dans leur but, elles doivent avoir chacune leurs propres instruments, leurs droits et leur existence à part; qu'assujétir l'une à l'autre, les confondre, les jeter dans un seul moule, en un mot, faire empiéter la constitution sur la loi civile, c'est intervertir l'ordre des idées primitives, c'est les dénaturer toutes deux; que si, dans quelques cas particuliers, on a renforcé les liens constitutifs de l'État par de telles usurpations, bien loin que ces cas puissent faire autorité, ils ne prouvent que le désavantage de ces mêmes États, dont la faiblesse relative a été obligée d'avoir recours à des moyens extraordinaires pour se soutenir contre ceux auxquels le simple développement de leurs forces naturelles suffit pour assurer

l'existence sociale; que de cela même que le partage
de la terre en corps de société très-inégaux oblige les
petits États à recourir à des moyens plus violents pour
se maintenir, il s'en suit que ce n'est guère que dans
les grands États que la loi civile peut acquérir toute
l'indépendance et le perfectionnement dont elle est
susceptible ; que ce perfectionnement consiste en ce
que la loi civile soit si rigoureusement basée sur le
droit naturel adapté à l'homme en société, que
l'homme de tous les pays y reconnaisse les principes
gravés dans son cœur par la main de la nature, c'est-
à-dire ceux qui émanent directement du désir inné
de sa conservation et du libre exercice de ses facultés;
j'aurai démontré par des preuves irrécusables, que ce
perfectionnement, bien loin de nuire à la force véritable d'un État, ne peut au contraire qu'en augmenter
l'énergie, et la porter même à un point inconnu jusqu'à présent; étant hors de doute que plus le mouvement intérieur d'une société sera libre et en harmonie
avec les penchants naturels de l'homme, et plus il en
aura d'activité; que plus les membres de cette société
s'y trouveront à leur aise et plus ils seront intéressés
à y maintenir l'assiette et l'intégrité; que s'il convient
de fortifier l'acte constitutionnel de l'État par des
supports puisés hors de sa propre sphère, c'est dans
le vaste champ des institutions civiles analogues à

la nature de chaque constitution qu'il faut chercher cette force auxiliaire, et non dans la violation de la principale base du pacte social, violation qui l'ébranle toujours plus ou moins au lieu de l'affermir. Enfin, dans l'état actuel de la civilisation et des besoins réels ou factices qui en dérivent, il ne peut y avoir de constante et véritable indépendance des tribunaux sans l'isolement et l'indépendance de la loi civile de toute forme constitutionnelle du corps social; en sorte que refuser l'une c'est effectivement les exclure toutes deux, et prolonger l'existence pratique d'un arbitraire dont l'odieuse théorie ne saurait plus trouver aucune part des défenseurs. Si je parviens à mettre au plus grand jour ces vérités obscurcies par de faux raisonnements et des exemples spécieux encore plus que par la prépondérance d'intérêts opposés, je ne croirai pas avoir fait un ouvrage tout à fait inutile. L'influence des idées saines sur le bonheur des hommes est incontestable à la longue; que le vrai triomphe dans les écrits des philosophes, et tôt ou tard il brillera sur les trônes. Quoi qu'en aient pu dire les détracteurs du genre humain, les faux calculs ont fait commettre aux tyrans eux-mêmes plus de crimes et d'attentats contre la sûreté publique que leur propre penchant.

CHAPITRE II.

La loi civile étant celle qui règle les rapports personnels et réels des citoyens entre eux, elle doit avoir pour principal objet la justesse de ces rapports avec le moins de dépendance possible de la forme particulière de gouvernement sous lequel vivent les citoyens. Ainsi le meilleur code civil, soit qu'il détermine et assure les droits de la propriété, soit qu'il protége les personnes par des sanctions pénales, sera celui qui conservera, sous ce double point de vue, les rapports de justice les plus exacts entre chaque citoyen, d'après les principes constitutifs de notre être; en d'autres termes, qu'il appliquera avec le moins d'altération possible, les principes de la loi naturelle à l'état de société. Moins ce code sera lié à une forme particulière de gouvernement, plus il aura de compatibilité avec toutes.

Conclurons-nous de ce principe qu'il n'y a de bonne loi civile que celle qui est totalement indépendante de la loi politique? Certes une pareille loi civile serait la meilleure de toutes, le *nec plus ultrà* de la législation; mais comme l'apparition de ce phénomène n'est pas à espérer de longtemps, nous en concluons seulement que moins elle en dépendra, et plus elle aura de moyens d'atteindre la perfection ; et nous dirons aussi que si la complication de circonstances dans lesquelles se sont trouvés jusqu'à présent la plupart des États connus, ne leur a pas permis de laisser à la loi civile toute l'indépendance qui lui appartient par sa nature, ce n'est point une raison de croire que la chose soit par elle même impossible, et que si elle est possible, elle doit tôt ou tard avoir lieu ; nous en conclurons encore que si la meilleure loi civile est celle qui dépend le moins de la forme de gouvernement, la meilleure forme de gouvernement est celle qui peut laisser le plus d'indépendance à la loi civile, et l'État le plus heureux celui qui peut adopter cette forme de gouvernement.

Mais voulez-vous, dira-t-on, relâcher, briser le lien qui cimente les intérêts particuliers des membres de la société avec leurs intérêts généraux ? La nature elle-même, en unissant la totalité de ses œuvres par une chaîne non interrompue, n'a-t-elle pas montré aux hommes la marche qu'ils devaient suivre pour perfectionner son ouvrage ? Je réponds que, bien loin de vouloir briser ou relâcher ce nœud, j'entends, au contraire, le resserrer davantage en le dégageant des fils inutiles qui ne font que l'embarrasser ; je veux le rendre plus fort en le concentrant dans les seules parties qu'il doit véritablement lier ; je veux le rendre plus sûr, plus durable, en le rendant plus cher aux hommes et plus légitime. Ce n'est pas la loi qui règle d'une manière plutôt que d'une autre les rapports des citoyens entre eux, qui forme ce lien; mais celle qui établit les rapports de chacun d'eux avec la puissance publique, loi entièrement différente de la première, et dont il n'est point question. Que si la nature a condamné tous les passages brusques, cette même nature a fait voir d'autre part que lier n'est pas confondre, et partout on observe dans sa marche une antériorité, une subordination de fins et de vues s'étendant des plus nobles objets à ceux qui nous paraissent les moins dignes d'attention; en multipliant à l'infini les différences individuelles, la nature, quoi qu'en ait pu dire un savant plus célèbre par la pompe de son style que par l'exactitude de ses observations, la nature a formé des classes, et, d'une main forte que dirigeait son ineffable sagesse, leur a prescrit les limites et le cercle plus ou moins vaste dans lequel chacune d'elles a été renfermée conformément au plan général de la création. Suivons ses traces et nous serons sûrs de ne pas nous égarer.

Lorsque les premiers hommes se rapprochèrent pour former une société, quelle a dû être leur première pensée? De combiner la sûreté de leur existence individuelle et la jouissance des fruits de leur travail avec celle des autres individus qui entraient dans l'association; car, si nous remontons à la première société, par cela même qu'elle était la première, cette société était aussi unique. Or, son premier but ne pouvait pas être d'établir un état de balance avantageux à l'égard d'autres associations qui n'existaient point encore, mais de régler les intérêts des sociétaires de la manière la plus conforme au droit naturel, dont ils étaient encore trop près pour supposer qu'ils voulussent s'en écarter au-delà de ce qui devenait indispensable pour en assurer les parties les plus essentielles. Si donc, au lieu de l'indépendance respective que réclame la différence de leurs buts respectifs, on voulait absolument établir entre la loi civile et la loi politique une subordination qui ne nous paraît pas nécessaire, nul doute, en principe, que la loi civile, qui est la base de l'association, ne dût obtenir la primauté sur la loi politique, qui n'est que son support et son instrument, qui n'est, en un mot, à l'égard de la première, que ce que la force armée est à son propre égard.

Si les hommes naissaient tous égaux en facultés physiques et intellectuelles, tous également propres et disposés à ne chercher leur bonheur individuel que dans celui de tous, il eût suffi de régler les intérêts des sociétaires de la manière la plus conforme aux intentions générales, et la loi civile eût été dans cette société non-seulement la première, mais l'unique loi. Mais comme dès les premiers pas qu'ils firent vers l'association, la pluralité des membres a dû s'apercevoir qu'ils n'y portaient pas chacun des intentions également pures et des moyens également énergiques; ou plutôt, en sondant ses propres dispositions, plus d'un membre a dû sentir que, comme il n'était pas lui-même sans quelque penchant à l'usurpation des droits d'autrui, s'il pouvait le faire impunément, ainsi, les mêmes dispositions devaient se trouver dans beaucoup d'autres, il en est résulté qu'après avoir réglé leurs rapports individuels, ils durent aviser aux moyens de les mettre à l'abri de leur violation réciproque, ce qu'ils n'ont pu faire qu'en organisant une autorité ou force publique capable de contenir les passions de chaque membre dans le cercle prescrit par l'intérêt commun, et en déterminant les rapports de cette autorité avec chacun des individus qui concouraient à l'association. Or, si c'est uniquement pour assurer la masse des intérêts particuliers que la force publique a été instituée, la loi civile se trouve donc nécessairement la première en ligne; la loi politique n'est venue qu'après : celle-là est le premier but de l'association, celle-ci le moyen d'obtenir ce but et de l'assurer.

Mais dans le fait, de ce que la loi politique n'est que le moyen d'assurer l'existence et l'efficacité de la loi civile, en peut-on déduire qu'elle doit lui être subordonnée ? Nous ne poussons pas si loin nos prétentions ; nous nous bornons, dans l'état actuel des choses, à désirer que ces deux lois soient aussi indépendantes l'une de l'autre que la conservation du corps social peut le permettre. S'il n'existait sur la terre qu'un seul corps social, point de doute que son organisation politique et administrative ne dût être en tout subordonnée à la loi civile ; car le maintien de cette loi et l'exécution de ses arrêts seraient la seule occupation du gouvernement. Ce gouvernement serait ce qu'est la nature sur le globe terrestre : des lois invariables, résultat nécessaire de l'organisation des différentes classes d'êtres animés qui l'habitent, veillent à leur conservation sans aucune dépendance de ce qui peut se passer dans l'intérieur d'une autre planète, avec les habitants de laquelle nous n'avons ni contact ni rapports quelconques.

Mais la terre étant partagée en différentes sociétés indépendantes les unes des autres, et dont les intérêts, ou plutôt les passions, se heurtent et se croisent réciproquement, toute association d'hommes, en formant un corps politique particulier, doit penser non-seulement à garantir les intérêts individuels des membres

qui le composent de la malveillance de quelques-uns
d'entre eux, mais à défendre l'intérêt général de
l'État lui-même contre les attaques d'autres États.
Dès lors la meilleure forme relative de gouvernement
d'un État quelconque ne peut plus être uniquement
celle qui laisse le plus de liberté absolue, ou prête le
plus fort appui à la loi civile, mais celle qui réunit le
plus haut degré de protection et d'appui envers cette
liberté, avec la force nécessaire pour garantir la sûreté de l'universalité de ces intérêts contenus dans
celle de l'État. Si les différents corps sociaux entre
lesquels la terre se trouve partagée offraient une étendue et une population à peu près égale, les moyens
d'attaque et de défense qui en résulteraient l'étant
aussi, il s'ensuivrait naturellement que la force publique, presque uniquement destinée au maintien de
l'ordre et de la tranquillité intérieure, n'aurait besoin
que d'un très-léger sacrifice des droits naturels pour
acquérir l'efficacité nécessaire à la consécution du but
qui l'a fait constituer.

Dans un pareil état de choses, aussi désirable pour
l'espèce humaine qu'il est peu à espérer de le voir
jamais se réaliser, nul doute encore que la division du
globe habitable en sociétés d'une médiocre étendue ne
fût à préférer à celle qui ne formerait qu'un petit
nombre de grands empires, ne fût-ce, toute autre

raison à part, que parce que les petits États se rapprochent davantage de l'état de famille, première
source et berceau de la société civile. Mais la chose
n'étant point ainsi, et la configuration même de la
terre s'opposant à ce qu'il y existe longtemps une
certaine égalité de puissance entre les peuplades qui
l'habitent, abstraction faite des désastres qu'un plus
grand jeu de passions dans ceux qui sont à la tête de
grands États peut faire tomber sur les peuples soumis
à leur domination, et n'envisageant les choses que
sous la face qu'elles devraient naturellement présen-
ter, on est forcé de convenir que, dans la situation
actuelle de la partie du globe civilisé, plus un État
aura d'étendue, de richesses et de population, en un
mot, que plus cet État aura de force réelle, moins
son gouvernement sera obligé d'empiéter sur le droit
civil et de gêner les intérêts individuels pour augmenter l'action de la force publique.

La force publique qu'un gouvernement se donne
en tendant d'une manière extraordinaire ses ressorts,
c'est-à-dire en obligeant les citoyens à lui sacrifier un
plus grand degré de volonté individuelle que ne l'est
celui que l'homme est naturellement censé avoir voulu
mettre en commun, lorsqu'il s'est réuni en corps de
société, cette force, dis-je, est une espèce d'usurpation, une conquête que le gouvernement a faite sur les

gouvernés, un excédant de sacrifice que la loi civile fait d'une partie de ses droits pour la conservation des autres. Or, plus un gouvernement exige de sacrifices pour sa conservation, moins ce gouvernement convient aux intérêts des hommes, généralement parlant.

Sans doute, il y a des circonstances où il peut être de l'intérêt d'une association particulière de déroger à ce principe et d'assujétir plus ou moins sa loi civile à la loi politique; mais qu'est-ce que cela prouve, si ce n'est que cette société se trouve placée dans de mauvaises conditions? Lorsque les peuples conquis étaient dépouillés de leurs propriétés et traînés en esclavage, les guerres se faisaient de nation à nation la force publique devait être le principal objet de l'organisation sociale; et si les bornes naturelles du territoire ne lui en procuraient pas une suffisante pour faire face à celle de la puissance ennemie dont on avait de si grands maux à craindre, il fallait bien avoir recours à des moyens extraordinaires. Ces moyens, on les trouvait presque toujours dans des institutions qui, en soumettant chaque membre de la société à une discipline plus sévère que ne l'est celle exigée par les grands États, en lui imposant de plus étroites obligations envers le gouvernement, en le détachant davantage de lui-même et de sa famille, en fondant, pour ainsi dire, toutes les volontés, tous les intérêts, toutes les passions dans une seule, la sûreté du gouvernement et la gloire parvenaient à faire résulter d'une population médiocre une force publique capable de la protéger contre celle d'un État infiniment plus considérable. Tel a été le cas de quelques-unes des républiques grecques dont on a très-bien dit que l'organisation ressemblait beaucoup plus à celle d'une corporation religieuse et militaire qu'à une véritable association civile. Mais quand on voudrait prendre la puissance d'une nation pour le représentant de sa véritable prospérité ; quand on voudrait conclure du dévouement sans borne de ses citoyens à une patrie qui leur coûtait si cher, que ses citoyens y trouvaient, en effet, le bonheur, cela ne prouverait qu'une chose, l'aptitude de l'humaine nature à se ployer aux institutions qui la contrarient le plus ; son penchant à préférer les biens factices et qui sont de sa propre création à ceux qu'elle tient de son essence elle-même, et l'orgueil qu'elle met à enfanter des choses extraordinaires comme à endurer des peines et faire des sacrifices qui semblent hors de sa portée. Parce que l'ordre militaire des Mamelucks gouverne depuis quelques siècles l'Égypte et les côtes de l'Afrique ; parce que celui de Malte s'est rendu pendant quelque temps redoutable sur son rocher à des États infiniment supé-

rieurs en puissance; parce que des fanatiques croient
trouver ou trouvent réellement leur bonheur dans
l'observance d'une règle inhumaine; parce qu'endur-
cis par l'habitude à un genre de vie contre nature, on
verra les membres de ces associations bizarres préférer les souffrances et les privations auxquelles leur
amour-propre s'est accoutumé, aux douceurs de la vie
domestique et civile, en tirerons-nous la conséquence
qu'il vaut mieux être armateur, célibataire, mame-
luck, fakir, trappiste, que jouir d'une honnête aisance
au sein de sa famille, sous la garantie d'un gouvernement doux et tempéré, parce qu'il possède le degré nécessaire de puissance pour se maintenir protecteur des
droits naturels, parce qu'il n'a aucun intérêt à les violer? Pourtant, n'oublions pas ici d'observer que, si ces
sacrifices sont supportables, s'ils ont même des attraits
dans un petit État, c'est que là chaque membre de la
société étant, pour ainsi dire, en présence de l'autre,
son amour-propre y est plus en jeu, son civisme y est
plus soutenu par l'émulation; en souffrant lui-même,
il est témoin et juge de la souffrance de son voisin; le
corps social y étant divisé en un moindre nombre de
fractions, chacune d'elles y conserve un plus grand
sentiment du tout; la difficulté de se soustraire à la
loi commune fait encore qu'on se détermine plus aisément à la subir, et l'habitude, cette seconde nature

ou plutôt cette force victorieuse de la nature elle-
même, opère ensuite le reste (*Voy. la note* 1).

Imposez ces mêmes sacrifices aux habitants d'un
vaste empire et vous y introduirez le comble de la tyrannie. D'abord, n'étant point nécessaires à la conservation de l'État, ils n'auraient point la seule excuse
qui peut les légitimer; la facilité de s'y soustraire,
soit en se cachant dans la foule, soit en achetant l'impunité, fait qu'on s'occupera bien plus des expédients
propres à éluder la loi que des moyens d'en alléger le
fardeau en s'y habituant; à la place de l'émulation, de
l'obéissance, on aura la vanité de se montrer au-dessus
des règles ordinaires; et comme ce seront les membres les plus puissants de la cité qui auront plus de
facilité à se faire excepter de la règle commune, il
s'y formera bientôt une opinion hostile à la loi,
une sorte de point d'honneur qui finira par la dégra-
der et en faire tomber presque entièrement le fardeau
sur la classe la moins aisée, s'il ne réussit pas à l'a-
néantir tout à fait. — Les grands empires ont d'ailleurs d'autant plus tort de s'approprier les ressorts
forcés des petits États populaires que, par une augmentation momentanée de force qu'ils en acquièrent,
l'introduction de ces pièces hétérogènes dans un édifice pour lequel elles n'ont point été faites ne peut que
nuire essentiellement à sa conservation. En obligeant

les hommes, par l'effet d'une administration trop personnelle et trop minutieuse à s'occuper à chaque instant du gouvernement, ce qu'on ne peut faire à moins
d'attirer leur attention sur les vices qu'il a réellement
ou qu'on peut croire qu'il ait, on comprime trop, on
fait trop entrer le corps entier de la nation dans le
centre qui doit le régir. En supposant que le gouvernement de cet empire soit celui d'un seul, si ses sujets
perdent par ce surcroît d'obligation et de gêne la seule
compensation qu'ils trouvaient de leur passivité politique, dans un mouvement individuel plus libre et plus
aisé des facultés qu'une bonne loi civile devait leur
garantir, le souverain n'y perdra pas moins de son
côté par l'attention plus suivie qu'il devra apporter
dans l'emploi dangereux de moyens d'une nature si
délicate et par la crainte qu'il devra toujours nourrir de
les voir tourner contre lui-même s'il en perd un instant
de vue la direction. En fait de gouvernement, s'il est
difficile de dire lequel est le meilleur, on peut du
moins assurer que le pire de tous est celui dont la
forme contraste avec le fond.

Admirons donc l'héroïque acharnement de quelques-unes des républiques de l'antiquité à défendre
les constitutions qu'elles s'étaient données; admirons
la vigueur de ces constitutions; mais plaignons les
membres de ces républiques d'avoir dû acheter la

gloire de se singulariser par l'abandon de la plus
grande partie des biens dont la conservation a formé
le but primitif de l'association des hommes. Aussi le
code civil de ces républiques s'est-il éteint et perdu
presque entièrement avec elles, pendant que leur organisation politique qui s'était fortifiée et illustrée
aux dépens de la loi civile a conservé si longtemps
sa réputation (*V. la note* 2).

Cette réputation, qui était dans toute sa force à l'é-
poque où les Romains commençaient à sortir de leur
état de barbarie, fut sans doute ce qui les engagea à
envoyer des commissaires en Grèce pour y recueillir
et apporter dans leur patrie les lois civiles dont elle
manquait. Il est tout naturel que ces hommes plus
braves qu'éclairés, plus doués de bon sens que d'esprit, séduits par la renommée et le lustre que répan-
daient au loin la sagesse des Grecs et la force de leurs
gouvernements, aient imaginé que leurs lois intérieures devaient être aussi bonnes que l'étaient leur
organisation politique. Cependant, comme il y avait
déjà à cette époque assez de communication entre la
basse Italie et la Grèce pour que plusieurs lois de ces
différents états ne fussent pas inconnues à Rome,
le sénat romain sentit en même temps qu'aucune législation particulière de la Grèce ne pouvait convenir
entièrement à un état si différemment constitué. Il

chargea donc ses députés, non d'apporter à Rome la législation complète d'un seul état, mais ce qu'ils trouveraient de meilleur et de plus convenable dans les différentes législations de la contrée qu'il leur enjoignait de parcourir.

On sent que c'est des différentes pièces de toutes ces législations et de celles surtout qui, étant moins liées avec l'organisation de la force publique, retenaient le plus du droit naturel, que furent composées les lois des Douze-Tables. Ces lois qui formèrent pendant plusieurs siècles la base de la législation romaine, extraites de la législation de vingt États différents, les lois des Douze-Tables ne purent conserver l'empreinte d'aucune forme particulière de gouvernement ; elles ne purent même beaucoup prendre de celle du gouvernement qui les avait adoptées. Ce gouvernement était déjà constitué, déjà il avait ses légions, son sénat, ses comices, son ardent amour de la patrie, ses pénates et son capitole ; sa rivalité, sa balance entre le peuple et l'aristocratie, sa soif de la gloire et le pressentiment religieux de sa future domination sur tous les peuples de la terre, pour garants de ses droits au dedans, et du grand rôle qu'il était appelé à jouer au dehors. La réunion de ces deux circonstances extraordinaires suffirait à expliquer la sagesse de la plupart de ces lois et surtout leur peu de dépendance

de la forme du gouvernement qui en était une des causes principales, si, lorsqu'il s'agit des Romains, on
pouvait jamais oublier ce grand sens qui caractérisa
dès le principe toutes leurs institutions et qui, lors
même que les premières commodités de la vie étaient
à peine connues dans leur ville, y faisait jeter les
fondements de ces admirables édifices publics qui
annonçaient dès lors la reine des nations.

Mais si la supériorité du droit civil des Romains
sur les lois de tous les autres peuples qui les précé-
dèrent ou suivirent jusqu'à nos jours, est due à ce
que ce code, qu'on a justement appelé la raison
écrite, est celui qui s'écarte le moins des lois de la
nature et qui convient le mieux aux rapports généraux de l'homme civilisé, c'est au sentiment de sa
force et à la puissance réelle qui le suivit de bien
près, que Rome fut redevable de cet avantage sur
tous les autres États. Cette puissance, d'abord plus
morale que physique, basée ensuite sur l'heureuse
alliance des mœurs et des lois, mit le gouvernement
à même de pouvoir se passer de ressorts extraordinaires, et l'indépendance de la loi civile fut l'heureux
résultat du peu de besoin qu'on avait de la gêner et
de la contraindre pour augmenter les ressources effec-
tives du gouvernement.

D'autres causes, il est vrai, purent, sans doute, y

contribuer aussi, telles que la part que les citoyens
en masse prenaient à la confection des lois et le désir
de se populariser auprès d'une assemblée dont dépen-
dait la distribution des places et des honneurs de la
république, désir qui devait empêcher les magistrats
de lui proposer des sacrifices trop onéreux à son bien-
être domestique, ou dont il ne pût apprécier, par le
seul bon sens naturel, la justice et la convenance.
Mais, outre que ces mêmes causes ne produisirent
pas toutes seules le même effet chez d'autres nations
où elles se trouvèrent également réunies, on ne saurait révoquer en doute que le salut de la république
ayant été la principale considération à laquelle les
anciens Romains subordonnèrent toutes les autres,
ils n'auraient pas manqué de lui faire de plus grands
sacrifices dans les rapports civils de leurs intérêts,
s'ils avaient cru nécessaire de donner ce support de
plus à la république. Ces sénateurs qui immolèrent
à l'égalité de la loi leurs propres enfants, qui les immolèrent même à la seule discipline militaire, mon-
trèrent assez de quel dévouement ils étaient capables,
pour qu'on puisse les soupçonner d'avoir rien négligé volontairement de ce qui pouvait contribuer au
maintien et à la gloire de la république.

Mais ils sentirent de bonne heure que la véritable
patrie est plus dans la loi que dans les murs de la ville

qu'on habite, que le gouvernement et la force dont il
est revêtu sont institués pour protéger la loi civile et
non pour empiéter sur elle, que tout sacrifice d'indépendance naturelle qui n'est pas nécessaire est tyran-
nique, que la meilleure loi civile est celle qui s'éloigne
le moins du droit de nature, qu'elle est plus forte
à mesure qu'on l'aime davantage, et que les hommes
ne peuvent longtemps et véritablement aimer que ce
qui est dans la nature de leur être. Ils sentirent que,
pour être vraiment libres, il fallait être puissants, et
que la vraie puissance ne consistait pas dans les
institutions outrées et contre nature, dont le ressort
trop tendu se brise à la fin et ne fait pas moins le
malheur de celui qui l'emploie que de ceux contre
lesquels il est dirigé, mais dans l'augmentation du
nombre des bras capables de défendre la patrie et des
ressources nécessaires pour les nourrir. Au lieu de
brider et de museler par des lois trop coactives leurs
concitoyens, au lieu de les déclarer tous soldats et
tenus sans distinction au service militaire, ils facili-
tèrent le recrutement des légions en introduisant dans
leur ville les peuplades entières qu'ils avaient soumises; ils honorèrent le mariage et flétrirent le céli-
bat par l'exclusion des principaux emplois de la république; et par des règlements conciliant les intérêts des maîtres et des esclaves, ils ouvrirent à ces

derniers une voie facile au droit de cité ; ils pensèrent enfin qu'il valait mieux se rendre respectables par des victoires au dehors que par des lois sévères dans l'intérieur de leur ville.

Leur loi civile étant la plus conforme à la raison et à la nature des hommes en société que l'on connût jusqu'alors, leur cité devint en quelque sorte la métropole du monde civilisé ; toutes les nations s'y trouvaient à leur aise et comme chez elles, parce que, dans quelque société que l'on ait été élevé et nourri, il est toujours aisé de se rapprocher des voies de la nature. Si l'on n'avait vu qu'aux jours les plus brillants de la république romaine, des peuples et des princes étrangers soumettre leurs différends au sénat de Rome et s'en rapporter à ses décisions, on pourrait dire que c'était bien plus la puissance que la réputation d'équité qui leur attirait cet honneur ; mais on en retrouve l'exemple dès les premiers temps de la république, comme l'on sait aussi que, dès ce temps, les Romains se croyaient appelés par la destinée à gouverner le monde, peut-être parce qu'en comparant déjà leurs lois avec celles des autres peuples, ils sentaient que leur excellence y devait peu à peu soumettre toutes les autres nations.

Les lois civiles de Rome tenaient si peu de la forme particulière du gouvernement, que presque aucune

de celles qu'on avait faites du temps de la république
ne cessèrent d'être en vigueur sous le despotisme
militaire des empereurs. Promulguées en Italie, elles
passèrent avec le sceptre du monde sur le Bosphore
de Thrace, et s'y naturalisèrent si bien que, nonobstant le changement total de religion, au milieu
même de la superstition la plus grossière, elles y
gouvernaient encore ce peuple de sophistes intolé-
rants dix siècles après; par une coïncidence de hasard remarquable, elles ne furent entièrement abo-
lies en Grèce que lorsque de nouvelles combinaisons
les firent revivre en Italie, et, peu de temps après,
dans une grande partie de l'empire d'Occident. On
peut dire que si leur règne a été quelquefois plus
resserré, il ne se perdit jamais totalement, et rien ne
prouve plus leur supériorité sur toutes les autres législations humaines antérieures à notre temps que
de voir leur empire suivre dans tous les temps et
chez toutes les nations les progrès de la civilisation et
des sciences. Les lois romaines semblent être, en jurisprudence, ce que les anciens monuments d'archi-
tecture et de sculpture sont pour les arts, ce que leurs
auteurs classiques sont pour l'éloquence et la poésie.
La raison en est la même : comme ceux-ci tiennent
leur excellence de l'imitation idéale de la belle nature, celles-là doivent la leur à cette nature elle-même,

perfectionnnée par l'ordre social, dont elles sont le
plus fidèle miroir que nous en ayons sur la terre.
Comparez leur sort avec celui des lois féodales que la
conquête et la force établirent pendant quelques siècles sur les ruines des premières : lois de circonstance,
elles subirent toutes les vicissitudes des gouvernements qui les avaient promulguées ; à mesure que les
idées saines triomphèrent des erreurs et des préjugés,
à mesure que la raison prit la place de la force, on vit
leur éclat se ternir, leur considération s'affaiblir et
se perdre peu à peu, comme les ombres de la nuit à
l'approche de l'astre du jour. S'il arrive, comme tout
semble le faire espérer, qu'elles disparaissent enfin
tout à fait, ce ne sera que le retour très-peu vraisemblable des mêmes circonstances politiques qui pourra
leur donner une nouvelle vie ; mais jamais elles ne se
reproduiront d'elles-mêmes, comme on l'a vu des lois
romaines, ressorties du chaos gothique par leur propre énergie, ou plutôt par celle de la nature, qui
revient toujours à la pureté de son instinct lorsqu'une
force majeure cesse de la contraindre (*V. la note* 3).

Et pourquoi l'ancienne religion des Romains se
perdit-elle entièrement pendant que leur code civil
semble destiné à redevenir constamment la base de
celui des peuples civilisés ?

C'est que la religion des Romains étant intimement

liée avec leur loi politique, elle faisait partie du gouvernement et devait, en conséquence, s'écrouler et disparaître avec lui. Chez les Romains, la religion n'était
point un rapport individuel de l'homme avec la divinité, mais un rapport général de l'État avec les dieux
protecteurs et gardiens de ce même État. C'était bien
plus un ressort de la haute politique que de la morale
particulière. Celle-ci, uniquement basée sur les lois
civiles et sur les mœurs, contrastait même très-sou-
vent de la manière la plus manifeste avec les institutions religieuses ; et si ces dernières prenaient le dessus à quelques époques de l'année, l'empire de l'autre
était de tous les jours ; la religion dominait dans les
temples et sur les places publiques ; mais dans les en-
ceintes domestiques, elle était subordonnée à l'ascendant des mœurs et à l'empire des lois civiles. Aussi
rappelons-nous que la religion des Romains date presque de la fondation de leur cité et fait partie du gouvernement dès sa naissance, pendant que les lois civiles, qui en furent toujours séparées, n'ont été
publiées que longtemps après et reçurent progressi-
vement, et presque d'année en année, des additions et
des explications qui les portèrent enfin, plusieurs
siècles après, à ce haut point de perfection où aucune
autre législation n'était parvenue.

Opposée presqu'en tout au culte politique de l'au-

cienne Rome, la religion chrétienne, telle du moins
qu'elle a été prêchée par son divin fondateur et ses
premiers disciples, a la même supériorité sur toutes
les autres religions connues que le code civil des Romains a eue sur les lois des autres nations, et cette
supériorité, elle la doit en premier lieu à son indépendance absolue des lois politiques ou civiles des
États où elle s'introduisit pour la consolation et le
bonheur du peuple; secondement, à ce qu'étant l'é-
manation la plus pure de la religion naturelle, n'envisageant que les rapports moraux et les obligations
de l'homme envers la divinité, les récompenses même
et les peines dont elle étaie ses préceptes n'étant pas
de ce monde, elle devient l'aide et l'appui de tous les
gouvernements sans avoir de prédilection pour aucun. Rapprochant les hommes par la fraternité de son
culte, elle est démocratique par essence, mais comme
l'égalité qu'elle prêche n'existe que devant Dieu, elle
n'en convient pas moins aux gouvernements nobiliaires et monarchiques. C'est même dans ces gouvernements qu'on peut dire qu'elle est plus particulièrement utile aux hommes, tant par les leçons sévères
qu'elle ose donner aux castes privilégiées et aux souverains eux-mêmes, qu'en consolant les classes infé-
rieures de l'inégalité de leur condition sur la terre par
l'espoir de l'égalité céleste et en les détournant de

chercher à renverser les barrières qui les séparent des ordres supérieurs par la perspective d'un bonheur éternel auquel les souffrances même et les exclusions humiliantes de cette vie doivent les conduire plus aisément. Aussi, à peine fut-elle sortie de l'obscurité où elle s'était tenue cachée pendant près de trois siècles, qu'on vit les maîtres de la terre en protéger hautement le culte et l'adopter eux-mêmes pour le généraliser d'autant plus facilement parmi leurs sujets.

Les chefs des hordes de Barbares qui commencèrent par ravager et détruisirent ensuite l'empire d'Occident imitèrent, à cet égard, les empereurs qu'ils venaient de détrôner. Et que pouvaient-ils faire de mieux pour adoucir, humaniser et fixer sur le sol qu'ils venaient de conquérir ces essaims de soldats indociles, ennemis de toute dépendance, uniquement affamés d'or et de carnage? Les arts des Romains avaient bien pu pénétrer sous la tente de quelques-uns de ces rois; ils avaient pu gagner quelqu'individu, mais le gros de la nation était resté le même. Ce goût exotique de notre civilisation, introduit dans le nord de la Germanie ou dans les plaines de l'Euphrate par quelques chefs de ces peuples élevés à Rome en qualité d'otages ou d'alliés, ne s'y était point encore naturalisé; c'était plutôt un désir effréné de s'empa-

rer par la force des objets convoités, qu'une tendance
suivie vers une manière de vivre plus douce, plus sé-
dentaire et plus fraternelle. C'est à la religion chrétienne qu'il était réservé de policer et civiliser le corps
entier de la nation, et si elle l'a fait, si elle a pu le
faire sous des gouvernements si différents de ceux où
elle avait pris son premier accroissement, à quoi doit-
on l'attribuer, si ce n'est principalement à l'avantage
qu'elle avait de pouvoir convenir à toutes les formes
administratives, parce qu'elle n'était identifiée avec
aucune? Le fait avait été depuis longtemps observé
et son excellente morale en avait eu tout l'honneur.
Mais sans rien vouloir ôter à celle-ci de sa prééminence sur toutes les morales religieuses qui l'ont
précédée, la biographie des premiers chefs de gouvernement qui adoptèrent le culte chrétien nous autorise
à penser que c'est bien plus à leur intérêt politique
qu'à de vagues considérations de morale qu'on est
redevable d'un changement de religion qui eut pour
eux les conséquences les plus heureuses.

Cet avantage de convenir à tous les gouvernements
est la cause, n'en doutons pas, de la facilité qu'elle
trouva à pénétrer et à s'établir presqu'en même temps
et par la seule force de ses principes dans la plus
grande partie de l'Asie, de l'Europe et de l'Afrique
connue. C'est cette prérogative qui l'a fait triompher

de tant de révolutions qui semblaient devoir l'anéantir à jamais, et elle la fera toujours sortir victorieuse
des atteintes qui pourront lui être portées dans les
temps de troubles et de guerres civiles. L'autorité,
quelle qu'elle soit, qui sortira du choc des partis
s'empressera toujours d'accueillir une religion qui ne
se mêle pas des affaires de ce monde, qui prêche la
soumission et l'obéissance, console de l'injustice et
fait un devoir de l'oubli des injures. Qu'ils ont été
coupables ou mal avisés, qu'ils ont méconnu la véritable grandeur de la religion dont ils étaient les chefs,
ces indignes successeurs du Christ, qui en dénaturè-
rent le plus beau caractère pour en faire servir le culte
aux vues retrécies d'une domination temporelle si
éloignée du grand but de son institution ! Leur lâche
et sordide avarice, leur ambition déplacée arrêtèrent
la marche triomphante de cette sainte doctrine, mirent
des bornes à son développement et éloignèrent l'époque de cette fraternité universelle qu'on ne peut at-
tendre que de son triomphe sur toutes les autres religions factices qui divisent la terre. Mais pour qu'elle
remplisse le grand but de son institution, il faut avant
tout qu'elle redevienne ce qu'elle a été ; il faut qu'elle
s'isole de nouveau des lois politiques et des lois civiles ; il faut que ses pontifes soient persuadés que c'est
dans cet isolement même que consistent sa supério-

rité sur tous les autres cultes et le véritable principe de sa grandeur et de sa dignité : *Regnum meum non est de hoc mundo*. Voilà son caractère distinctif, voilà, tracée en deux mots, la ligne ineffaçable qui doit séparer, dans son but et dans ses moyens, toute bonne religion de la loi politique ou civile des peuples. Cette grande idée n'a appartenu qu'au fondateur de la religion chrétienne; elle honore d'autant plus son génie, que c'est dans un pays où le culte religieux ne faisait qu'un avec les lois de l'État qu'il la proclama pour la première fois et en fit la base de ses saintes institutions.

Je n'ignore pas qu'un des esprits les plus brillants et les plus étendus du siècle passé s'est tellement montré persuadé du principe contraire à celui que je m'occupe d'établir, que, sans prendre la peine de l'étayer par des preuves puisées dans le fond même du sujet, il en part comme d'un axiôme indubitable pour en tirer toutes les conséquences qui forment le corps de doctrine consacré dans le cours entier de son ouvrage. « Les lois, dit-il dès les premières pages, « (Liv. i, chap. 3), doivent être tellement propres au « peuple pour lequel elles sont faites, que c'est un « très-grand hasard si celles d'une nation peuvent « convenir à une autre. Il faut qu'elles se rapportent, « dit-il encore, à la nature et au principe du gouver-

« nement qui est établi ou qu'on veut établir, soit
« qu'elles le forment comme font les lois politiques,
« soit qu'elles le maintiennent, comme font les lois
« civiles. » Montesquieu veut même que celles-ci se
rapportent aux mœurs et à la religion des habitants.
En un mot, perdant de vue que la loi civile fut le
premier but de l'association des hommes, il la sacrifie
entièrement à des institutions qui, dans l'ordre naturel de leurs besoins et de leurs idées, n'ont pu venir
qu'après et ne doivent, par conséquent, prendre la
première place qu'en cas d'absolue nécessité. Le fameux président a fait comme font tous les législateurs
des nations. Ils commencent par instituer l'autorité
publique et tâchent ensuite de faire cadrer comme
on peut les intérèts particuliers avec cette autorité.
Mais ce n'est point là la marche qu'on doit supposer aux hommes sortant de l'état d'indépendance
naturelle pour se former en corps de société, supposition indispensable si l'on ne veut tout donner au hasard et à la force. Ils ont dû vouloir quelque chose
avant d'aviser aux moyens de se l'assurer. Or, ce qu'ils
ont voulu, comme nous l'avons déjà observé, forme
l'objet de la loi civile; les moyens qu'ils ont pris
pour s'en assurer la jouissance constituent la loi
politique.

Sacrifier le but aux moyens, c'est imiter le faux

calcul de l'avare qui entasse d'abord dans la vue de jouir et finit par ne jouir d'autre chose que du plaisir d'entasser.

Il est malheureux, sans doute, qu'un des ouvrages qui honorent le plus le siècle passé ait été entrepris pour développer un système si nuisible aux intérêts de la société humaine. Une fois parti de ce faux principe, il n'était que trop facile à un écrivain qui joignait au style le plus séduisant les erreurs d'une immense érudition, de l'étayer des arguments les plus spécieux. En déduisant de ce qui est, ou a été, des conséquences pour ce qui doit être encore, Montesquieu a contribué sans le vouloir à propager une des erreurs les plus funestes au genre humain ; il a consacré la maxime erronée que la loi civile doit être relative au principe du gouvernement, qu'elle peut, en conséquence, et doit même varier avec lui, subir toutes ses vicissitudes, se conformer à toutes ses passions ; ce qui revient à dire qu'il n'y a point de loi civile intrinsèquement bonne ; que le droit de nature lui-même n'est pas une règle sûre pour juger de l'excellence de la loi civile ; que la principale fin de celle-ci n'est point la sûreté de la vie et de la propriété individuelle, mais le maintien du corps social tout entier ; que bien loin enfin d'être le but du gouvernement, elle n'est qu'une arme de plus entre ses mains. Et pourquoi cette arme de plus ? pour courir après le bien imaginaire d'un tout dans lequel les différentes parties qui le composent ne trouvent plus qu'une contrainte, un malaise, une abnégation habituelle de leur volonté ? Nous n'entrerons point à ce sujet dans une plus ample discussion, puisque ce n'est pas, au fond, la priorité d'une loi sur l'autre, mais leur indépendance mutuelle que nous avons entrepris d'établir ; et, répétons-le encore une fois, accommoder le gouvernement au climat et la loi civile au gouvernement, c'est rendre un très-mauvais service à l'humanité, c'est la livrer sans défense aux inconvénients naturels de l'un et aux caprices ambitieux de l'autre. Aussi, effrayés des conséquences de ce principe, les partisans de Montesquieu se sont-ils empressés de déclarer que ce célèbre jurisconsulte n'avait pas entendu parler de l'esprit des lois qu'on devait faire, mais de celles qu'on avait faites ; explication qui ne s'accorde ni avec le sens ni avec la lettre de l'auteur.

Tel est, après tout, l'ascendant de la vérité sur les grands hommes que, vers la fin du même ouvrage, entraîné par la suite de ses recherches, Montesquieu lui-même finit par se dédire en quelque sorte et proclame une maxime aussi favorable à la théorie que je soutiens que la plus grande partie de son système lui est opposée. Si cette contradiction se trouvait dans

une de ces productions éphémères sur la législation
que l'esprit versatile de parti enfante chaque jour et
détruit le lendemain, je me serais dispensé de la rele-
ver comme je fais de tant d'autres propositions erro-
nées qui, pour avoir retenti à la tribune législative
de deux grands peuples, n'en méritent pas moins le
silence des sages, comme elles obtiendront le mépris
de la postérité; mais la réputation de Montesquieu ne
permet pas de traiter ces erreurs avec indifférence, et
c'est parce que je l'estime que je le combats, ou plutôt
que je vais montrer que si, en commençant son ouvrage, il s'en est laissé imposer par l'ordre de choses
et d'idées qu'il a trouvé dominant dans sa patrie, la
suite de ses méditations l'a peu à peu amené à reconnaître que c'est sur une toute autre base qu'il faut
construire l'édifice législatif des nations; et qu'ainsi
l'autorité même de grand écrivain n'est pas un argu-
ment dont on puisse se prévaloir contre la nouvelle
doctrine dont j'ai embrassé la défense. « Les hommes,
« dit-il (Liv. xxvi, chap. 1er), sont gouvernés par di-
« verses sortes de lois, et la sublimité de la raison
« humaine consiste à bien savoir auquel de ces or-
« dres se rapportent principalement les choses sur
« lesquelles on doit statuer et à ne point mettre de
« confusion dans les principes qui doivent gouverner
« les hommes. » Montesquieu applique ensuite ce

principe aux lois de la religion, et rien de plus juste
que les conséquences qu'il en tire. Mais pourquoi ne
l'applique-t-il pas aussi à la loi civile, qui, dans le
but qu'elle se propose, ne diffère pas moins de la loi
politique que les lois de la religion elles-mêmes? Se-
rait-ce parce que ces deux dernières sortes de lois
ayant également pour objet la conservation et le bien-
être de l'espèce humaine dans ce monde, la ligne qui
les sépare n'est ni aussi profondément tracée, ni marquée par de si fortes couleurs? Cette démarcation est,
je l'avoue, plus difficile à bien saisir, mais elle n'en
existe pas moins, et si le grand écrivain dont je parle
ne l'a pas explicitement déclaré à la suite du passage
que je viens de citer, c'est que, toute sa rhétorique
ayant été consacrée au développement du système
contraire, il devait naturellement éprouver une sorte
d'embarras et un trop vif regret à détruire lui-même
dans un de ses derniers chapitres ce qu'il s'était ef-
forcé d'établir dans le cours entier de l'ouvrage. Mais
toujours en a-t-il assez dit pour ceux qui savent et
veulent le comprendre. Car, qu'est-ce que ne pas
mettre de confusion dans les principes qui doivent
gouverner les hommes, si ce n'est pas séparer les lois
qui découlent de ces principes? Et quelle plus grande
différence peut-il y avoir entre deux lois que celle
qui existe entre la loi politique et la loi civile? Certes,

ce n'est point, comme il le dit, à une raison ordinaire de tracer la démarcation de ces principes dans leur but et dans leurs moyens, et surtout à reconnaître et à prouver qu'elle doit exister. Mais une fois leur différente nature et les diverses lois qui en émanent franchement reconnues et déterminées, il suffit de quelque chose de moins que le sublime de la raison humaine pour en faire l'exacte application aux choses sur lesquelles on doit statuer. Il est donc, ce me semble, indubitable que, quoiqu'il ait composé son ouvrage dans un système tout à fait opposé, l'auteur de l'*Esprit des Lois* a reconnu dans le paragraphe que nous venons de citer l'indépendance relative des différents codes destinés à régir les hommes sous les différents rapports civil, politique et religieux; reconnaissance qui doit nous faire d'autant plus regretter qu'au lieu de prodiguer l'érudition et l'esprit à faire ressortir jusque-là le principe contraire, il n'ait pas fait d'abord de cette indépendance la base de ses savantes élucubrations. De combien de vérités utiles et de lumineuses conceptions n'eût-elle pas été féconde sous la plume de cet admirable écrivain? La France posséderait peut-être depuis longtemps une géométrie politique et législative; et à une époque où, de tous les points de son immense territoire, tant d'hommes de conditions, d'âge et d'éducation divers furent appelés à lui donner des lois, elle aurait eu à la fois et un guide sûr à leur offrir, et une pierre de touche infaillible pour juger de la rectitude de leurs travaux et de la coïncidence de leurs ressources avec ses besoins.

C'est pour n'avoir pas eu cette boussole de la législation qu'on vit les meilleurs esprits de l'Assemblée constituante errer si longtemps et se perdre dans le vague de théories sans base et sans limites, donner à l'éloquence ce qui ne devait appartenir qu'à la discussion, s'attacher à persuader au lieu de convaincre, saper à la fois tout l'édifice social, et entreprendre enfin de le reconstruire sans plan et sans choix de matériaux. On a beaucoup vanté les lumières de la fin du dix-huitième siècle, et l'on s'est étonné de l'incohérence du résultat qu'elles eurent chez une des nations les plus instruites de l'Europe. Je pense, au contraire, qu'il est précisément arrivé ce qui devait arriver, et que jamais nation ne s'est trouvée, quant au degré d'instruction nécessaire pour régénérer de fond en comble sa constitution et son code civil, dans un état de choses moins favorable que la nation française. Cette multitude d'écrits sur l'économie publique, sur le droit et sur l'art de gouverner, qui l'avaient inondée depuis un demi-siècle, et où le pour et le contre des questions les plus délicates étant à peu près

soutenu avec une égale dose d'esprit et une égale
force de raisonnement, s'était attiré un nombre à
peu près égal de sectateurs; ce demi-savoir politique
qui avait pénétré jusque dans les romans et les pièces
de théâtre, et par eux dans les salons et les boudoirs;
ces paradoxes, avancés avec l'audace et l'assurance
du génie; cette masse incalculable d'erreurs revêtues
des apparences de la vérité, et d'autant plus dange-
reuses qu'elles étaient soutenues et propagées de
bonne foi, voilà la véritable cause, non pas de la révolution, comme l'esprit de parti d'un côté et la manie
philosophique de l'autre l'ont tour à tour répété,
mais de l'incertitude de sa marche et de la presque
nullité d'effet qu'elle a eue pour le bonheur et la
liberté de la nation à qui elle coûta tant d'efforts
magnanimes, tant de privations et de larmes.

Lorsque quelques hommes supérieurs, désignés
aux suffrages de leurs concitoyens par des services
antérieurs rendus à l'État ou par une réputation de
talent et de probité généralement reconnue, sont appelés à proposer des mesures de sûreté ou de prospérité publique à une assemblée composée de pères de
famille, négociants ou propriétaires, accoutumés à
porter dans l'habituelle discussion de leurs intérêts
un coup d'œil juste et exercé, l'ascendant du génie
des premiers, la confiance qu'inspirent leurs vertus,

ne laissent pas flotter longtemps l'opinion de leurs
collègues. Ceux-ci, plus faits pour juger que pour in-
venter, n'ayant ni la prétention à l'esprit, ni le don de
la parole et les connaissances historiques qui lui prê-
tent de la force et de l'éclat, bornent leur civisme et
leur amour-propre à seconder, appuyer, exécuter les
mesures énergiques proposées par les premiers. De
l'heureux accord du savoir des uns avec le bon sens
des autres naît alors cet ensemble de conception, cette
promptitude et cette fidélité d'exécution, cette harmonie et cette fermeté qui arrêtent l'ondulation politique
et rendent toute réaction impossible. Ainsi furent fon-
dés ou régénérés presque tous les États constitutionnels, tant dans les anciens temps que dans ceux qui
les suivirent à une moindre distance de nous (1).

Le cas est bien différent lorsque l'assemblée déli-
bérante se compose d'un grand nombre d'individus
qui, se croyant égaux en savoir comme ils le sont en
droit, y apportent chacun leurs systèmes particuliers
et leur désir de les faire prévaloir. Les vérités politiques n'étant pas susceptibles d'une démonstration
rigoureuse comme les axiômes de physique, surtout
pour les esprits superficiels, il arrive alors que la
pensée la plus juste et la plus lumineuse, faute d'une

(1) Il ne faut pas perdre de vue que ceci a été écrit en 1805.

règle sûre pour la juger, se trouve confondue et offus-
quée par un tourbillon d'idées vagues, incohérentes,
mais dont la lueur trompeuse n'en jette pas moins un
éclat momentané aux yeux du vulgaire. Alors, si un
homme supérieur fixe un instant l'opinion de cette
assemblée dissonante et tumultueuse, le triomphe
qu'il remporte sur la médiocrité, loin d'augmenter et
d'affermir son crédit, devient pour le jour suivant la
source d'une opposition plus marquée, souvent même
d'un revers bien plus nuisible aux grands intérêts de
la patrie qu'à la réputation de son défenseur. On sait
ce que peuvent, en de pareilles circonstances, l'amour-
propre blessé et la jalousie des talents; on connaît la
facilité avec laquelle se forment ces ligues momenta-
nées où le bien public est si facilement immolé au
plaisir d'humilier un grand homme; mais peut-être
aussi n'a-t-on pas assez fait attention au retour naturel
des esprits médiocres vers le cercle d'idées auquel ils
sont habitués : forcés un instant de céder à la supériorité du mérite et à l'évidence des raisonnements, ils
reviennent peu à peu à leur place aussitôt que le
mouvement extraordinaire qui leur avait été imprimé
commence à se ralentir. De là ces mesures d'exécution ou faibles ou en contradiction avec le principe
adopté et qui en paralysent le développement au lieu
de le favoriser; ces attaques indirectes, mais conti-

nuelles ; ces accessoires divergents du principe ; cette multiplicité enfin d'hostilités, de détails, qui accablent et tuent l'ensemble avec lequel elles n'ont pas l'analogie nécessaire. Alors, que, fatigué de cette lutte chicaneuse, le génie s'endorme un instant dans la conscience de sa force et de sa droiture, il ne reconnaîtra plus, au réveil, son ouvrage, tant il le trouvera défiguré, abâtardi par l'amalgame d'éléments hétérogènes qui ne peuvent pas plus s'identifier avec lui que les vers de Pradon ne le pourraient avec ceux de Racine.

Telle est la conséquence de ce flottement d'idées plus spécieuses que vraies, de cette facilité de raisonner sur des choses qu'on ne connaît pas bien, de ce savoir plus étendu que profond, de cette masse indigeste de notions historiques qui fournit des preuves à toutes les erreurs (si en matière de droit les faits peuvent jamais être des preuves) ; et telle est surtout la conséquence déplorable de cette étroite alliance des lois politiques avec les lois civiles, dans laquelle il est non-seulement difficile que la toute-puissance des premières respecte la faiblesse des autres, mais impossible même qu'elle n'en dénature et anéantisse totalement le but et les effets. Au reste, ce n'est pas seulement à la conservation de la loi civile dans les moments de crise que nuit son alliance avec la loi politique ; le mal vient de beaucoup plus loin, et attaque à son origine même la loi que nous défendons. Supposez le principe de son indépendance reconnu ; pour rédiger un bon Code civil, le législateur n'aura qu'à consulter en tout la loi naturelle, source lumineuse et féconde qui lui fournira immédiatement la solution des problèmes en apparence les plus compliqués. Est-il question de lois de succession *ab intestato*? Il trouvera dans la nature l'égalité de droit de tous les enfants, sans distinction de sexe ou de priorité de naissance. S'agit-il de lois testamentaires? Il n'assujétira la volonté du testateur qu'aux formes nécessaires pour s'assurer de sa réalité et empêcher que des fripons ne le surprennent dans un moment où sa raison aurait commencé à l'abandonner. Sachant qu'un accès de colère momentanée ou des vues ambitieuses peuvent faire dévier un père de l'égalité d'affection qu'il doit à tous ses enfants, il tracera d'une main ferme la ligne que la partialité ne doit pas dépasser, conciliera ainsi le droit de propriété avec les égards dus à l'humanité et deviendra l'interprète, non de la nature passionnée, mais des calculs équitables de la raison. Respectant la liberté des transactions particulières, il se bornera à les environner des formalités indispensables pour empêcher la fraude et repousser la violence; il n'interviendra enfin dans toutes les actions des citoyens qui ne touchent point aux intérêts généraux que comme protecteur du faible et garant des droits de chacun. La loi pénale ne lui offrira pas plus de difficultés à vaincre que celle qui règle les intérêts purement réels. La nature a marqué par des lignes encore plus profondes la différente gravité des crimes et des délits; il n'aura qu'à écouter sa voix pour bien graduer la punition qui leur est due.

Mais combien tout change, si le législateur doit combiner chaque article de la loi civile avec les dispositions préexistantes de la loi politique! A chaque ligne, pour ainsi dire, de nouvelles difficultés, des contradictions sans nombre se présentent, et il n'échappe à une erreur que pour tomber dans une autre. Le droit naturel veut que les biens du père soient également partagés entre tous ses enfants; mais la dignité d'une chambre héréditaire des pairs du royaume, la splendeur d'une cour et je ne sais quels autres préjugés radicalement attachés aux monarchies européennes commandent l'institution des majorats; il faut donc les régler par des lois; il faut déterminer comment et dans quels cas ils peuvent être établis, jusqu'où ils peuvent s'étendre; il faut pourvoir à l'indemnité des créanciers de ces êtres privilégiés, à la dotation de leurs filles, aux secours dus, en cas de besoin, aux frères des titulaires; il faut enfin, pour cette seule exception à la loi commune, rédiger un

nouveau code civil à part, dont chaque disposition,
n'ayant plus pour base le droit naturel,pourra être
contredite et disputée sans fin et finira par nager,
qu'on me passe l'expression, dans le vague de l'arbitraire. Si cette seule loi d'exception peut donner lieu
à tant d'inconvénients et d'embarras, jugez du chaos
dans lequel vous vous jetez en prenant presqu'en tout
pour règle de la loi civile les différentes natures des
gouvernements établis. Ici, c'est l'intérêt du commerce
qui fera violer sous le moindre prétexte la liberté individuelle des débiteurs, même les plus solvables, et
dictera des lois de Dracon dans tous les cas qui inté-
resseront la sûreté de ses spéculations ; là tout sera sacrifié à l'esprit militaire; ailleurs à la défiance des
patriciens, ailleurs encore à la tyrannie démagogique,
et partout enfin à ce qu'on est convenu d'appeler la
raison d'État. Que si tels sont les vices inhérents à la
création de la loi civile, lorsqu'elle est subordonnée à
la loi politique, de plus graves inconvénients encore
en accompagnent l'exercice à tout moment et en rendent la durée précaire. Je ne parlerai pas des changements qu'elle devra subir chaque fois qu'il s'opérera
des variations plus ou moins considérables dans le
gouvernement, soit par des conquêtes extérieures, soit
par des révolutions internes, changements qui l'em-
pêcheront de se perfectionner et d'acquérir cette con-

sidération que le sceau du temps peut seul imprimer
à l'œuvre de l'homme. Il est un plus grand mal auquel
cette confusion de principes ne manquera jamais de
donner lieu ; ce mal est l'exagération de toutes les
mesures dictées par le fanatisme, la peur et l'arro-
gance de la victoire. Faut-il confirmer par l'autorité
d'un grand exemple la démonstration d'une vérité qui
n'est que trop palpable ? Il n'est pas nécessaire d'aller
chercher bien loin dans les annales des peuples pour
le trouver. Qu'un grand danger menace l'État au dehors, que ses enfants conspirent en dedans la perte
d'un bien qu'ils ne savent pas apprécier, que le mot
terrible de *patrie en danger* vienne alors échauffer les
têtes d'une assemblée qui n'a point de guide sûr pour
discerner ce qui regarde l'intérêt général de l'État de
ce qui concerne les rapports des particuliers entr'eux,
et aussitôt le *salus patriæ suprema lex esto* y viendra
brouiller toutes les idées. Plus on aura ôté de liberté
personnelle aux citoyens et mieux on aura cru avoir
assuré celle de la république. Toutes les mesures et
lois imaginées par d'autres peuples pour augmenter
l'énergie du gouvernement y seront proposées, adoptées, renforcées même aux dépens de la paix et du
bien-être individuel. Un tel voudra faire de son pays
une Rome, tel autre une Sparte. Que la grandeur
et la position de l'État, que le génie des habitants,

que le siècle le permette ou non, malheur à qui opposera la sagesse du raisonnement à la fougue du patriotisme égaré, et voudra sauver la patrie par des moyens non moins sûrs et non moins vigoureux, mais uniquement tirés de la nature de son propre gouvernement. Confondu avec les vrais ennemis de son pays, traîné sur la même charrette, il perdra la tête sur le même échafaud, trop heureux s'il peut conserver l'espérance que, lorsque l'orage révolutionnaire aura disparu, sa mémoire trouvera un ami qui le justifie aux yeux de la postérité. Au milieu de ce déchaînement de toutes les idées, de cette confusion de tous les principes, que deviendront les lois civiles protectrices des personnes et des propriétés, si une démarcation bien claire, bien tracée de longue main dans la tête de ceux qui gouvernent ne les a pas séparées des lois politiques auxquelles seules il appartient de pourvoir au salut public? Exposées à toutes les bizarreries des orateurs populaires, elles seront elle-mêmes traitées en ennemies de l'État; les enfreindre deviendra un acte de vertu; les invoquer, un crime; état de choses d'autant plus déplorable, que le mal s'opérant à fin de bien, on n'a pas même contre lui la ressource du remords, de ce frein salutaire qui arrête le bras levé de l'assassin au moment où il va plonger le poignard dans le sein du voyageur qu'il a dépouillé, et qui ne

dit rien au fanatique qui perce le cœur du grand
Henri ou signe froidement l'arrêt mortel de Bailly et
de Louis XVI.

Non! détracteurs de l'humaine nature, les passions
qui en sont les éléments constitutifs dans leur débor-
dement, même le plus effréné, ne sont pas la principale cause des désordres, et des maux qui ont si souvent inondé la terre de larmes et de sang : l'erreur est
le principal coupable; coupable d'autant plus dangereux qu'il n'a presque jamais de châtiment à craindre
et que, souvent même, il a de la considération à gagner.
Chassez les fausses notions de la terre et vous en
aurez bientôt considérablement diminué, si vous n'en
pouvez expulser entièrement, l'imposture, la fraude et
la violence. L'erreur, je le répète, l'erreur encore plus
que l'ambition des souverains, a contribué à défigurer
la législation des peuples, à dénaturer le but de leur
association ; et, de toutes les erreurs, la plus féconde
en suites malheureuses, la plus funeste, sans contredit, est celle qui, en effaçant les lignes qui séparent
entre elles la loi civile, la loi politique et la religion,
a presque toujours immolé la première à la seconde et souvent même les deux premières à la troisième.

Qu'il soit aussi bien reconnu, bien mis hors de
toute contestation, que la religion ne peut et ne doit

avoir pour objet que les rapports de l'homme avec
son créateur; qu'il n'y a pour elle ni gouvernement
ni gouvernés, ni esclaves ni citoyens; qu'uniquement
basée sur la confiance, les vertus et les vices de l'individu forment son seul domaine; que la morale publique elle-même n'est de son ressort qu'autant
qu'elle se compose en grande partie de celle des particuliers; que la religion n'est tenue à aider et à seconder le gouvernement qu'en tâchant de rendre l'homme
meilleur en lui-même; que le gouvernement ne doit
intervenir que pour lui garantir son indépendance;
que s'il peut y avoir un culte préférable à un autre par
le grand sens et la sublimité de ses dogmes, la splendeur et la majesté de ses cérémonies, tout culte cependant qui n'insinue et ne prêche rien de contraire
au perfectionnement de la loi naturelle et aux intérêts
du gouvernement établi a un égal droit à sa protection; qu'il n'est pas plus du devoir d'un gouvernement
de chercher à savoir si un homme a de la religion, et
quelle est sa religion, que de s'informer de son régime
domestique et de l'état de sa santé; qu'il n'y a pas plus,
en un mot, de religion d'État que de médecine d'État,
et que la qualification de religion dominante est la
plus cruelle satyre qu'on puisse faire d'une institution qui, s'occupant beaucoup plus de l'intention que
des faits matériels, doit être tout à fait libre et spon-

tanée, sans aucun rapport quelconque avec les lois positives de l'État.

Qu'après avoir tiré de sa nature et de la position relative où il se trouve la juste mesure de puissance dont il a besoin pour assurer les intérêts généraux de la société contre le choc des corps extérieurs et les atteintes partielles de ses membres, le gouvernement ait le courage de laisser, je ne dirai pas seulement aux tribunaux (il n'y a que de mauvais princes qui puissent chercher à les influencer, il n'y a que des tyrans qui les maîtrisent), mais à la législation civile elle-même, toute la latitude qui lui appartient comme interprète de la nature civilisée; qu'il se persuade que faire empiéter la loi politique sur la loi civile, c'est vouloir faire faire à une arme le service d'une autre; que c'est toujours mal gouverner que de trop gouverner; que le despotisme réglementaire est le plus insupportable de tous; que si, après de longues agitations politiques, on ne voit que trop souvent la masse des humains se reposer nonchalamment et presque avec plaisir dans le sein d'un vaste pouvoir absolu, c'est que celui-ci, violent et tendu dans ses principaux ressorts, perd assez ordinairement de vue les hommes dans la foule des mouvements partiels qui n'intéressent pas sa puissance. Que tout prince, toute république enfin qui prétend à l'estime des sages soit convaincu de cette grande vérité : que c'est pour assurer leur existence personnelle et la jouissance tranquille du fruit de leur travail que les hommes se sont donné un gouvernement, et non pour savoir à quel prix ils doivent livrer leur main-d'œuvre ou le produit de leurs terres, quelles bornes ils doivent mettre à leurs affections paternelles, dans quelle langue et dans quelle posture ils doivent rendre leurs actions de grâce à l'Éternel, s'ils ont à le faire le chapeau sur la tête ou à découvert; que c'est pour cheminer enfin plus commodément et plus sûrement dans la voie spacieuse de la vie sociale, et non pour être traînés par des chaînes dans un labyrinthe de sentiers étroits et raboteux où l'on ne saurait dévier de quelques pas à droite ou à gauche sans se briser contre le mur d'airain et les barres de fer dont on se trouve de tous côtés circonvenu et enfermé.

Que la loi divine, puisqu'on veut lui donner ce beau nom, la loi civile et la loi politique marchent d'accord, mais sans se confondre, vers le grand.but de leur institution. Qu'en enfants de la même famille, en bonnes sœurs et amies, elles remplissent chacune la tâche qui leur est assignée sans s'imaginer qu'il y ait de la gloire ou de l'intérêt à envahir les prérogatives et les attributions de l'autre; que, pour qu'elles y soient toutes mieux contenues, le gouvernement ait la

sagesse de se renfermer lui-même dans la sphère toujours assez étendue, assez brillante de ses droits et
de ses devoirs, alors l'homme sera et se croira vraiment libre, sous quelque forme d'administration que
la providence l'ait destiné à remplir ici bas les fonctions de fils, d'époux et de père, de sujet ou de citoyen.

Accoutumé à se mouvoir sans entraves dans le cercle de ses intérêts et de ses affections domestiques, à
jouir de l'exercice de ses facultés et surtout de celui
de sa raison, à fixer lui-même les conditions qu'il
veut mettre à ses soins, à ses peines, à la sueur de
son front, à travailler ou à se reposer quand il le juge
à propos, à soigner, en un mot, ses affaires comme
il l'entend, que le prix des objets de luxe ou des
choses les plus nécessaires à la vie, que celui du représentant général de ces choses, hausse ou baisse;
que son existence en devienne plus pénible ou plus
aisée; qu'il trouve de la reconnaissance ou de l'ingra-
titude dans ceux qu'il aura obligés ou servis; qu'il
soit finalement heureux ou malheureux, il ne s'en
prendra pas plus au gouvernement qu'à son voisin ou
à son ami. Des bonnes lois qui, bien fidèlement et bien
également exécutées, le garantissent de l'usurpation,
de la fraude et de la violence, voilà tout ce qu'à la rigueur il a le droit d'exiger de l'autorité publique, et

ce qui sera d'autant plus facile à celle-ci de lui garantir, qu'elle n'aura point contracté envers lui d'obligations trop étendues et trop multipliées. De son côté, le gouvernement, débarrassé des soins trop minutieux, pourra porter un œil plus attentif et plus éclairé sur les intérêts généraux de la masse sociale; et si, par sa population, par l'étendue ou la position de son territoire, sa puissance absolue ou relative se trouve en équilibre avec celle des grands empires qui le rivalisent (car ce n'est que de ceux-ci que j'entends parler; les petits États, comme les petits ménages, doivent pourvoir comme ils peuvent à leur existence), on ne verra point alors ce gouvernement contrarier le but même de l'association sous le prétexte d'en surveiller de plus près le développement. On ne le verra point autoriser le vol pourvu qu'il soit accompagné d'adresse ou embelli par des marques de caractère, appauvrir l'État pour qu'il ne soit pas trop convoité par ses voisins, *ostraciser* le mérite éclatant, contrarier le vœu des parents et formuler en loi l'injustice publique; on ne le verra pas outrager la nature en établissant sur la différence des sexes des distinctions qu'elle condamne, encore moins fonder ces distinctions partiales dans le même sexe sur le hasard de la priorité de naissance.

Mais en accordant qu'il convienne autant à ceux

qui gouvernent qu'aux gouvernés d'établir et de conserver cette triple démarcation, et bien certainement
d'empêcher la religion de se mêler des affaires publiques, ce qui ne peut être sujet à aucun doute, à quel
signe reconnaîtrons-nous les limites précises qui séparent la loi civile de la loi politique?...

La simple définition de ces deux lois suffit à résoudre toute difficulté. Nous avons établi au commencement de cet écrit que la loi civile est celle qui règle
les rapports des citoyens entre eux, et que la meilleure de ces lois est celle qui s'écarte le moins de la
loi naturelle. Nous disons, à présent, que la loi politique est celle qui règle les rapports des citoyens avec
l'autorité publique et les rapports de celle-ci avec les
autres corps extérieurs, en s'écartant également le
moins qu'il est possible de la loi naturelle. La ligne
de séparation que l'on cherche est bien facile à trouver. Que vous contractiez, que vous disposiez de vos
biens entre vivants ou à condition que votre volonté
n'aura d'effet qu'après votre mort; qu'à défaut de la
manifestation de cette volonté les lois soient appelées
à y suppléer, tout cela doit être réglé, comme beaucoup d'autres chapitres de la même nature, sans aucune connexion avec la forme du gouvernement. Et si
vous me demandez quelle est la ligne que la loi civile
elle-même ne doit pas dépasser envers les particu-

liers, comme exacte interprète de la loi naturelle, je
n'hésiterai pas à répondre que tâcher d'empêcher la
surprise, la tromperie et la violence ; s'assurer que
l'intrinsèque volonté des stipulants est réellement celle
qui se manifeste au dehors, voilà à quoi elle doit se
borner dans tout ce qui concerne les transactions des
citoyens. Expliquer le vœu de la nature et suppléer à
la volonté, c'est ce qu'elle doit faire dans les lois sur
les successions. S'efforcer de prévenir les délits et les
crimes, les punir lorsqu'ils ont été commis, dans la
proportion de leur gravité et dans la vue de les empêcher de se reproduire par l'impunité, voilà le but
des lois préventives ou répressives. Mais, je répète, et
je crois l'avoir suffisamment prouvé dans le cours de
cet écrit, tant dans l'un que dans l'autre cas, ainsi que
dans tout ce qui peut regarder les rapports personnels
des citoyens entre eux, avoir égard à la forme de gouvernement en statuant sur de tels intérêts, c'est violer
l'indépendance de la loi civile, c'est manquer le premier but de l'association.

Et, de bonne foi, que peut gagner un sultan, un
monarque ou le sénat dirigeant d'une république à
proroger au-delà du terme indiqué par la nature la
majorité d'un citoyen ? à trop donner ou trop ôter à
l'autorité paternelle, à entraver les mariages par des
conditions et des formes trop difficiles à remplir, à

forcer deux conjoints à habiter sous le même toit dans un état de guerre domestique perpétuelle, au lieu de leur permettre d'aller faire chacun de leur côté le bonheur d'un autre individu avec lequel il sympathiserait davantage? Que peuvent-ils gagner à gêner la circulation du représentatif de toutes choses en le soumettant à des mesures et à des restrictions que ne connaît point le commerce de ces choses elles-mêmes? à établir des différences arbitraires entre deux sexes que la nature a faits égaux en droits, puisqu'elle a voulu qu'ils concourussent également à la reproduction de l'espèce? à concentrer enfin dans peu de mains les biens de cette terre, qui n'est jamais plus productive que lorsqu'elle est divisée en lots proportionnés aux travaux et aux besoins d'une seule familles? Les axiômes de l'économie politique ne sont-ils pas ici d'accord avec ceux de la loi civile? D'où vient donc que presque tous les gouvernements ont montré tant d'acharnement à envahir les domaines de celle-ci et à la forcer de s'éloigner des voies de la nature dont elle ne devrait être que la charte écrite? Y aurait-il dans le cœur humain un penchant plus fort pour attaquer et contraindre la volonté de ses semblables, lors même qu'il n'y trouve aucun avantage personnel, que celui qui existe pour défendre la sienne au préjudice, bien souvent, de son véritable intérêt?

Mais, dira-t-on, cette partie de la loi civile qui regarde la répression des crimes, et que l'on a, pour cela, plus particulièrement appelée le code pénal, intéressant dans son exécution plus directement la société entière, ne doit-elle pas être plus spécialement relative à la forme du gouvernement de cette même société? Non pas, sans doute, dans toutes les infractions de la loi faites au seul préjudice de quelques membres de la société. Ces infractions doivent être jugées et punies d'après les mêmes principes du droit de nature appliqué à l'état de société qui constitue la loi civile ; elles ne regardent la société entière que comme garante des droits de chacun; garantie qu'elle ne peut exercer sans avoir le droit d'en punir les infracteurs. Mais le gouvernement n'est pas plus ici partie proprement intéressée qu'il ne l'est dans une discussion de droit civil entre deux particuliers; ses fonctions et ses droits se bornent donc à assurer aux citoyens l'accomplissement des conditions auxquelles ils ont sacrifié une portion de leur liberté à la conservation de l'autre, et conséquemment à punir ceux qui violent le pacte social relativement à quelqu'un des co-associés, et à les punir de manière à pourvoir le plus qu'il est possible à l'indemnité de la partie lésée, et à effrayer par l'exemple du châtiment tous ceux qui seraient tentés d'imiter l'exemple du crime. C'est de ce double principe que découle la loi qui, dans quelques cas, a permis la composition avec la partie offensée, ou l'a du moins prise en considération dans l'application de la peine ; loi qu'on retrouve chez presque tous les peuples qui étaient encore dans l'adolescence de la société ; loi qui, fondée sur le droit naturel, toutes les fois qu'il ne s'agit pas de meurtre, et que l'offenseur et l'offensé peuvent, en conséquence, s'expliquer et convenir personnellement entre eux, devient monstrueuse et subversive du pacte social, lorsqu'on étend le bénéfice jusqu'aux coupables d'homicide, et qu'on accorde aux parents de la victime la faculté de transiger avec son assassin.

Aucune échelle de proportion ne saurait ici avoir lieu, parce que d'abord il n'en existe aucune entre la vie et la mort, et que le tué ne pouvant plus s'expliquer, personne n'a le droit d'interpréter son intention qui, aussi longtemps qu'elle n'est pas révoquée, doit être censée la même qu'il a eue en consentant à la loi par son adhésion au pacte social. C'est ici encore qu'on peut voir la différence existant entre les lois romaines et celles des barbares qui les remplacèrent pendant quelques siècles. La loi des Douze-Tables ne dispensait le coupable de la peine du talion qu'avec l'acquiescement de la partie offensée ; la législation du Nord l'acquittait indistinctement, moyennant un dédommagement pécuniaire fixé par la loi. Ces hommes qu'on nous a peints comme si passionnés pour leurs droits en avaient une étrange idée; ils mettaient à prix leur propre vie.

Dans quelque gouvernement que ce soit, tout membre de la société a le droit d'exiger que sa personne et sa propriété soient respectées par les autres membres; la forme de gouvernement ne doit rien pouvoir lui ajouter ni ôter à cet égard. Quelle que soit cette forme, la garantie des lois ne peut être tirée d'autre source que de celle dont les lois mêmes ont été tirées; et qu'est au fond la loi pénale si ce n'est la garantie du droit civil?

Où la loi criminelle peut varier selon la nature des gouvernements, c'est dans les rapports individuels des membres avec l'autorité publique, rapports qui n'appartiennent point à la loi civile proprement dite, mais qui sont déterminés ou régis par des lois particulières émanées de la loi politique, et faisant, en quelque sorte, partie de la constitution de l'État. La différence pourtant que leur diverse nature met entre ces derniers rapports et ceux des citoyens entre eux ne sera jamais bien sensible dans toutes les espèces de gouvernement avouées par la raison humaine. Mais comme nous ne parlons ici que de l'indépendance des lois qui ont pour objet cette dernière classe de rapports, tout ce que nous pouvons dire, en passant, sur celles qui concernent les rapports des citoyens avec le gouvernement, c'est que ce gouvernement-là sera le plus analogue au vœu de la nature, le plus parfait dans son organisation, organisation, qui, dans ses rapports avec les membres qui composent la société, s'éloignera le moins des principes qui règlent les rapports des membres entre eux.

En se réunissant en société, ce n'est point leurs passions, encore moins leurs passions haineuses que les hommes ont voulu mettre en commun, mais une portion de leurs droits suffisante pour assurer celle qu'ils se réservaient. La vengeance n'étant point un droit, mais une passion, et une passion qu'il convient bien plus de calmer que de satisfaire, c'est une mauvaise expression que celle de venger la loi, venger la société, dont quelques jurisconsultes ne se lassent point de se servir; et c'est une loi plus mauvaise encore celle qui la venge en effet par des supplices qui font frémir et révoltent l'humanité. Non, les hommes n'ont jamais pu vouloir accorder à leurs semblables la faculté de les faire mourir vingt fois dans vingt-quatre heures. Celle de retrancher définitivement un d'eux de la société par la déportation ou la mort, dont l'état primitif de guerre a pu leur donner l'idée, est le maximum du sacrifice qu'ils ont pu faire. Savez-vous d'où tirent leur origine ces lois barbares? De l'orgueil des gouvernants qui, regardant l'État comme leur patrimoine, ont été naturellement portés à envisager comme dirigées contre eux-mêmes toutes les infractions faites à la loi qui est leur ouvrage ; de leur ignorance et de leur paresse qui trouvent plus court d'effrayer que d'instruire et de surveiller, et couvrent par des actes éclatants de justice sur les crimes commis leur manque de vigilance et de sagacité pour les prévenir. Cependant quel est l'effet le plus connu de ces tragédies populaires? C'est que, d'un côté, en apitoyant le spectateur sur les souffrances du supplicié, elles diminuent l'horreur inspirée par son crime ; de l'autre, en habituant peu à peu le peuple à ces spectacles de sang, elles finissent par le rendre féroce, et conséquemment plus disposé à s'écarter des règles ordinaires de la société. Dans quelques pays même elles peuvent donner une mauvaise idée de ceux qui gouvernent, et atténuer considérablement l'affection des peuples pour eux. Ces lois de sang seraient, du reste, de quelque utilité, qu'elles n'en seraient pas moins condamnables, parce qu'elles ne peuvent avoir pour base le contrat primitif ; mais quand l'expérience de tous les temps n'aurait pas prouvé combien peu elles contribuent à faire obtenir le but qu'on se propose, il suffirait d'un peu d'attention sur la marche

7

du cœur humain pour en sentir l'atroce inutilité. Les grands crimes proviennent, ou de passions violentes qui renversent toutes les barrières de la conscience, ou de l'habitude d'enfreindre la loi, habitude qui se forme peu à peu en avançant des moindres degrés du crime jusqu'à ses plus affreuses extrémités. Dans le premier cas, le coupable ne raisonnant pas, ne peut être arrêté par la perspective d'un supplice plus ou moins douloureux ; dans le second, c'est bien moins le degré de la peine qui est calculé par le scélérat, que le degré de facilité qu'il se promet d'avoir à s'y soustraire, facilité que ses premières infractions à la loi lui représentent de jour en jour comme plus vraisemblable ; c'est donc la certitude de la peine et non sa gravité qu'il faut tâcher d'augmenter. En effet, quel est l'homme non insensé qui, ayant la positive certitude d'encourir la punition, ne fût-ce que de dix ans de fer, se porterait de sangfroid à commettre un de ces crimes même pour lesquels il est maintenant puni d'une mort cruelle ? Or, il est indubitable que là où les peines sont moins atroces, l'impunité y devient plus rare. La pitié du public, qui n'est point alors divertie par la perspective des souffrances du condamné, se tourne tout entière vers l'objet de son crime ; tous alors donnent la main à l'arrestation du coupable, tous concourent volontiers à le juger, tous sont satisfaits de le voir punir.

Cette digression peut paraître s'écarter un peu de
l'objet précis de cet écrit qui n'est que d'affranchir la
législation civile de l'action du gouvernement; mais
j'aurais cru n'avoir pas assez bien établi cette indépendance si, en parlant des lois criminelles, je n'avais
pas clairement démontré que le juste, d'accord avec
l'utile, n'exige pas moins pour elles que pour les lois
purement civiles, qu'elles s'écartent le moins possible
de la volonté présumée des premiers fondateurs de la
société, qui n'ont certainement pu avoir l'idée d'un
raffinement de cruauté aussi éloigné de leurs mœurs
que de l'état de leurs connaissances.

Je sens qu'il manquerait quelque chose au complé-
ment des preuves que je me suis proposé de réunir
dans cet écrit en faveur de l'indépendance de la législation qui règle les rapports des citoyens entre eux, si
je ne disais un mot de celle qui règle les rapports des
citoyens avec l'État, quoiqu'elle n'ait pas un trait
direct à l'objet de mon ouvrage. Mais de la comparaison des deux lois jailliront de nouvelles lumières
pour mieux connaître la nature essentielle de chacune.
En voyant en quoi leurs rapports se rapprochent, en
quoi ils s'écartent, on saisira mieux encore l'indépendance absolue de ceux de la loi civile et la mesure
qui doit régler la dépendance des autres.

Les rapports des citoyens avec l'État sont l'anneau

intermédiaire qui lie la loi civile avec la loi politique. Celle-ci est une double chaîne qui, par un de ses bouts, tient à l'intérieur du corps social, et ce bout de chaîne est celui qui règle ses rapports particuliers avec les citoyens; par l'autre, elle est en contact avec les corps politiques étrangers et règle ses rapports généraux avec eux. La perfection de la loi politique dans ses rapports avec les citoyens consiste en ce que le premier but de l'association, l'observance du pacte social intérieur, soit convenablement assuré avec le moindre sacrifice possible de volonté individuelle; conformité de nature avec la loi civile, qu'elle tient de la même source, la volonté présumée des premiers fondateurs de la société. Les rapports des individus avec les gouvernements doivent donc être les plus doux, les plus libres et conséquemment les plus égaux qu'il soit possible. Ces rapports, quoique plus ou moins diversifiés, selon les différentes formes et circonstances d'un État, peuvent toujours se réduire à quatre classes principales : la loi ou sanction pénale du gouvernement, la police, la finance et le militaire.

La loi, ou sanction pénale du gouvernement, détermine et fixe les différentes peines à infliger, selon les différents degrés de culpabilité, aux infracteurs de la loi politique, soit que l'offense soit isolée, soit qu'elle

soit combinée avec les vues d'un ennemi extérieur.
Cette loi comprend dans ses différents chapitres tout
ce qui trouble ou tend à troubler l'ordre établi, depuis
les attentats à la personne du souverain et la trahison
proprement dite, jusqu'aux plus légères atteintes
portées à la paix publique et à l'ordre existant. Ainsi
que la loi civile pénale, elle sera d'autant meilleure
qu'elle suivra plus exactement la proportion naturelle
des délits avec les peines, et emploiera le moins d'efforts pour obtenir le but qu'elle se propose.

La police, qu'on pourrait appeler la petite souveraineté, le pouvoir exécutif de tous les moments, est
une émanation mixte de la loi civile et de la loi politique. Elle émane de la loi civile lorsqu'elle surveille
et maintient l'exécution du pacte social dans les rapports de citoyen à citoyen; elle émane de la politique
lorsqu'elle remplit les mêmes attributions dans les
rapports des citoyens avec le gouvernement; double
obligation dont elle s'acquitte en tâchant d'empêcher
les infractions aux lois civiles et politiques, ou en
livrant le coupable à la justice dont il ressort, en pré-
venant le crime ou en assurant sa punition. Elle tient
donc à la loi civile et politique à la fois, tant par le
double but de son établissement, que par les moyens
mis à sa disposition. Dans tout ce qui regarde les rapports d'individu à individu, la loi civile décrète et

juge, la police surveille et arrête. La loi civile trace
l'opération, la police la suit et la lui remet ensuite
pour l'achever. Cependant, quoique leur travail ait
le même objet, leurs attributions n'en sont pas moins
très-distinctes; plus elles semblent avoir de ressem-
blance entre elles, plus il importe d'empêcher qu'elles
ne se confondent : ce sont deux lignes parallèles dirigées vers le même but, qui ne peuvent ni se rapprocher, ni s'écarter sans perdre leur qualité essentielle.

Mais dans ce qui concerne les rapports politiques
des citoyens avec le gouvernement, quel sera le juge
entre la police et les citoyens? Accordera-t-on cette
faculté au pouvoir judiciaire ou la donnera-t-on à un
tribunal uniquement institué pour juger en cette matière? Dans les États où il n'y a pas d'autre loi politique que la volonté du gouvernement, point de doute
que le seul moyen d'empêcher que celui-ci ne soit
trop évidemment juge et partie, et de donner aux
jugements une apparence au moins de légalité, c'est
d'investir de cette faculté les tribunaux civils ordinaires. Je dis une apparence de légalité, car dans un
gouvernement arbitraire, les tribunaux civils eux-
mêmes ne présentent qu'une garantie imparfaite et
uniquement fondée sur l'intérêt bien entendu des chefs
de ces gouvernements. Or, si ceux-ci abandonnent la
connaissance de ces sortes de délits aux tribunaux

ordinaires, ils sont bien moins réputés vouloir influencer le jugement que s'ils l'envoient à des tribunaux expressément établis pour ces sortes de cas. La réputation d'indépendance dont les premiers sont en possession par l'exercice de leurs fonctions ordinaires attirera plus aisément la faveur de l'opinion publique sur le résultat de leurs fonctions extraordinaires, et le légitimera, autant qu'il peut y avoir quelque chose de légitime dans ces sortes de gouvernements.

Il n'en est pas tout à fait de même des États où le pouvoir constituant est distinct du pouvoir exécutif. Dans ces États, pourvu que le tribunal auquel on réserve la faculté dont il s'agit la tienne directement de la constitution et non du gouvernement; pourvu qu'il la tienne pour tous les cas de la même nature et non pour un seul; pourvu que ce tribunal jouisse de la même indépendance que les tribunaux civils ordinaires, il est indifférent en droit, peut-être même plus strictement analogue à l'esprit de la séparation des pouvoirs, que, puisque l'infraction à la loi est d'une nature toute propre, elle soit aussi jugée par un tribunal qui lui soit propre et de la même nature; bien entendu, toujours, que ce soit par un tribunal permanent, et non par une de ces commissions spéciales et temporaires qu'il suffit de nommer pour savoir l'idée qu'on doit en avoir. La police est à la loi civile ce que la force armée est à la loi politique, avec cette différence néanmoins, que la loi civile reçoit de la police l'assistance et l'appui dont elle a besoin, sans se mêler ni de son organisation ni de sa direction, qui appartiennent à la loi politique et au gouvernement.

La perfection particulière de la police est exactement la même que la perfection générale de la loi politique dont elle est une émanation : atteindre son but avec le moins de frais, le moins de gêne et de contrainte possibles des citoyens ; ce qu'elle doit faire dans l'ordre naturel des penchants légitimes de l'homme, qui le portent à haïr par-dessus tout la contrainte, à fuir la gêne, à se soustraire aux dépenses inutiles. La préférence est donc d'abord pour la police la moins coactive, ensuite pour la moins gênante, en dernier lieu pour celle qui coûte le moins. Tel est le véritable intérêt et tel ne peut qu'être le vœu raisonnable des citoyens. Le gouvernement peut avoir quelquefois d'autres vues, et suivre, par conséquent, une gradation différente ; mais toujours est-il sûr que moins il déviera de cette ligne, et plus il sera dans les voies de la nature et de son grand et principal intérêt.

Le revenu public n'étant en général, et même ne devant être, dans tout état sagement administré, que la masse résultante des différentes portions de revenus

particuliers mises en commun par les membres de la
société pour s'assurer de la jouissance tranquille du
reste, un bon gouvernement, même par rapport à la
finance, n'est pas un gouvernement riche, mais celui
qui possède tout juste ce qu'il lui faut pour remplir le
but de son institution; le meilleur, celui qui remplit
ce but à moins de frais, et pourvoit à ces frais en faisant le moins de violence possible à la volonté des
citoyens. Si l'on n'aime pas beaucoup payer, on
aime encore moins payer au gré d'un autre. Pouvoir
choisir le temps du paiement, payer à mesure qu'on
jouit, c'est être, en quelque manière, libre de payer ou
de ne point payer. La ligne courbe est ici, comme
tout ce qui tient aux institutions publiques, infiniment
préférable à la ligne droite; et quelques objections
qu'on ait pu faire au système d'impôts indirects, objections qui tombent bien plus sur la mauvaise application du principe que sur le principe lui-même, le
seul avantage de moins violenter l'exercice habituel
de la volonté des membres de la société est plus que
suffisant pour balancer les inconvénients qui peuvent
y être attachés.

Selon la nature du gouvernement qu'ils se sont
donné, les hommes ont consenti à revêtir ce gouvernement d'une représentation plus ou moins coûteuse;
mais dans aucune supposition ils n'ont pu avoir l'idée

de retrancher une portion de leur nécessaire pour
nourrir un faste insensé et assouvir les caprices de
leurs mandataires. Fussent-elles donc revêtues de toutes les formes républicaines, lorsqu'elles dépassent de
beaucoup les limites des sacrifices indispensables pour
maintenir la puissance nationale dans la dignité qui
lui convient, les lois fiscales sont tyranniques et viola-
trices des premières conditions du pacte social. Elles
violent également ce pacte lorsqu'elles établissent ou
sanctionnent à cet égard des distinctions entre différents individus ou différentes classes de la société.
Quelque service qu'on ait rendu ou qu'on rende à
l'État, le paiement des impôts étant la base de la garantie sociale, personne n'en doit être exempté, parce
que personne ne peut exister dans la société sans cette
garantie. Telle est essentiellement la nature des rapports de la finance publique avec les citoyens. Mais
qui doit déterminer l'étendue et la force de ces rapports, qui doit juger les contestations qui peuvent
s'élever pour leur exécution entre un citoyen et le
gouvernement? Je l'ai dit : ces rapports étant une
branche de la loi politique, c'est à elle-même à les
déterminer, ce qu'elle fera selon les différentes natures
de gouvernement. Dans ceux où la liberté publique a
pour base la séparation des pouvoirs, c'est au corps
que la constitution a investi de la puissance législa-

tive à les fixer. Ce corps déterminera aussi par qui les contestations particulières relatives à l'exécution des lois de finances devront être jugées. S'il s'agit de petits États, et surtout d'États purement démocratiques, il paraît convenable qu'elles le soient par les tribunaux ordinaires, comme il semble, au contraire, qu'elles devraient l'être par des tribunaux uniquement institués pour cette fin dans les grands États, et particulièrement dans ceux où la législation des impôts indirects est très-compliquée. Dans les monarchies où le pouvoir législatif et exécutif sont réunis dans un seul, communément nommé le gouvernement, c'est à ce pouvoir à se charger de cette double tâche; et, s'il respecte les droits de ses sujets, s'il se respecte lui-même, il suivra, à l'égard de la finance, la même règle que j'ai indiquée plus haut en parlant de la police. Mais, tant dans l'un que dans l'autre cas, ce que les principes exigent impérieusement, c'est que ces rapports soient fixés conformément à leur véritable nature, et que les tribunaux institués pour juger les contestations qui peuvent s'élever entre les particuliers et le gouvernement, jouissent du même degré d'indépendance qui est accordé au pouvoir judiciaire dans les discussions des particuliers entre eux.

Il n'est peut-être pas inutile d'ajouter ici qu'une marche encore plus indépendante doit être suivie dans

la discussion des rapports que le souverain peut avoir
avec quelqu'un de ses sujets concernant les propriétés
distinctes du revenu de l'État qu'il possède à quelque
titre que ce soit. Le prince propriétaire doit être
assimilé à tout autre propriétaire; il ne peut avoir ni
législation, ni tribunal à part. Quant à la législation,
c'est un point qui n'est plus contesté par les gouvernements mêmes, je parle de l'Europe, qui, quoique
illimités, sentent toute l'horreur qu'inspire la tyrannie pratique; mais il est des pays, assez bien admi-
nistrés d'ailleurs, où ces sortes de discussions, quoique soumises à la loi générale, ressortent encore d'un
tribunal particulier. C'est un abus qui déshonore les
souverains qui le tolèrent, et qui ne peut tarder de
disparaître entièrement du code des nations civilisées.

La différence de l'état de nature à celui de société
se fait principalement remarquer en ce que, dans le
premier, chaque homme peut être attaqué par tous;
dans le second tous sont garants de la vie d'un seul.
Mais, comme la société entière ne peut pas s'ébranler
à la fois pour exercer cette garantie, elle les confie à
un nombre suffisant de ses membres qui en restent
spécialement chargés. Ces individus ne pouvant exercer cette charge spéciale en faveur de tous, sans qu'il
en résulte ou la cessation totale de leur travail, ou

une grande diminution dans son produit, et conséquemment dans les moyens de pourvoir à leur bien-
être personnel, il est de toute justice comme de toute
nécessité que la partie de la société qui profite de la
défense travaille à son tour pour celle qui la défend.
Travailler ou payer sont ici la même chose. Voilà la
base des rapports entre les citoyens et l'armée. Le
gouvernement devant établir ce rapport avec le
moins de violence possible, le mode de formation
d'armée le plus désirable pour les citoyens, lorsqu'il
peut suffire, sera donc le recrutement volontaire. Les
uns préférant gagner leur vie en l'exposant, les
autres la conserver en travaillant pour ceux qui
l'exposent, peut-on mieux faire que de les contenter
tous les deux? On ne s'acquitte jamais bien de son
devoir que lorsqu'on suit en même temps son inclination. Le travail des uns en deviendra par là plus
productif, plus soigné, plus utile à la société en général, et la défense de l'État, qui est le travail des autres
en sera plus belle et plus courageuse. Tel fut le système militaire de l'Europe pendant près de deux cents
ans qui s'écoulèrent entre l'établissement permanent
des troupes soldées et l'abus qu'on commença d'en
faire vers la moitié du dix-septième siècle ; système non-seulement analogue aux droits naturels de
l'homme en société, mais le plus convenable, sous

quelque rapport qu'on veuille l'envisager, à l'état actuel de notre civilisation. Un grand royaume, supérieur en population et en richesse à tous les autres de l'Europe, fut le premier à franchir les bornes de la proportion qui avait été généralement suivie jusqu'à cette époque. Alors les États qui, avec moins de ressources réelles, devaient tenir tête à son ambition, furent obligés d'en venir à différents modes de recrutement forcé, et l'exemple de la maison de Savoie qui, dès les temps du duc Emmanuel Philibert, avait eu recours à cet expédient en organisant dans ses États une levée forcée nationale, fut suivi, à quelque différence près, selon la nature des gouvernements et la composition de leurs armées, par l'Angleterre d'abord, et ensuite par la Prusse et la Suède, et peu à peu enfin par toutes les puissances militaires de l'Europe. Cependant qu'arriva-t-il de cette innovation ? Ce qui arrive toujours aux inventeurs de nouvelles armes, à ceux qui sont les premiers à mettre en pratique des manœuvres plus promptes et plus destructives de l'ennemi. La nation contre laquelle on avait d'abord cherché à se fortifier de cette mesure, ne tarda pas à l'adopter à son tour et la porta même, par suite des circonstances extraordinaires où elle se trouva, à un degré d'énergie qu'elle n'a point encore atteint chez aucune autre. La guerre reprit ainsi une grande partie de son ancienne férocité, et déjà la disparition de plusieurs États indépendants en est la conséquence. Car, dès que les peuples se battent contre les peuples, et se battent avec les mêmes armes, le plus faible n'a plus d'autre rempart, d'autre garantie contre le plus fort que la combinaison des intérêts politiques extérieurs ; ressource toujours précaire, incertaine et qui n'a qu'un temps limité.

On a dit que, dans les États monarchiques, le paiement des impositions acquittait de tout autre devoir envers l'État ; que payer la garantie sociale de son or et de son sang, c'était la payer doublement, c'était comme payer à la fois la même contribution en argent et en nature. Comparaison vicieuse, raisonnement plus spécieux que juste. Dès qu'un État, quelle que soit l'essence et la forme de son gouvernement, est assailli ou en danger de l'être, il faut bien qu'il s'efforce de proportionner la défense à l'attaque ; et si le produit des contributions ou tout autre moyen financier ne peut suffire à lui procurer le nombre de défenseurs dont il a besoin pour repousser l'ennemi, il faut, ou que la loi les lui donne, ou que l'État périsse. Or, comme la perte de l'État est l'acte de volonté le moins à supposer de la part des membres qui le composent, il s'en suit que la loi qui oblige un certain nombre de citoyens à embrasser malgré eux la défense de la patrie

est par elle même aussi fondée en principe que toute
autre. Mais, ce qu'on ne doit pas oublier de dire, c'est
que les dispositions de cette loi doivent être aussi égales qu'il est possible pour tous les membres de la
société qui sont en état d'en remplir le but ; que cette
loi n'est rigoureusement juste que dans les guerres
défensives ; qu'elle doit laisser aux citoyens le droit
de se remplacer mutuellement ; qu'elle doit même
favoriser ce remplacement, qui rapproche la levée
forcée de la nature du recrutement volontaire et la
fait participer à ses avantages. Avec de pareilles modi-
fications, cette mesure, qui paraît au premier coup
d'œil si peu conforme à l'esprit de nos réunions so-
ciales, rentre dans la ligne des rapports ordinaires et
naturels de l'État avec ses membres et de ceux de la
fortune publique avec les intérêts particuliers. En
conséquence, tout ce qui peut être statué à l'égard de
ceux-ci leur étant applicable avec la plus rigoureuse
précision, il s'en suivra nécessairement encore que
l'État qui, par ses circonstances réelles ou corrélatives,
aura moins besoin de pareils efforts et pourra les
tempérer, les adoucir davantage, sera le plus désirable
pour les hommes : nouvelle preuve de la supériorité
qu'ont les grands corps politiques sur les petits ;
supériorité incontestable aussi longtemps qu'ils ne
dépassent pas les limites nationales ou géographiques,

et qu'ils ne fondent pas des empires au lieu de constituer des États.

On sent qu'il manquerait beaucoup à l'élucidation
du sujet que je traite, si je passais entièrement sous
silence ces mesures législatives qui tiennent à la fois
à la loi politique et à la loi civile sans appartenir
proprement à l'une ni à l'autre. Ces lois, que j'appel-
lerai administratives, peuvent se réduire à cinq classes : commerciales, rurales, sanitaires, édilitiennes,
et somptuaires. Quelques lignes suffiront pour spéci-
fier et déterminer les différents rapports de chacune
d'elles avec le corps social entier et les individus qui
le composent. De cette spécification dépend la connaissance de leur caractère particulier, c'est-à-dire des
vues dans lesquelles elles doivent être faites et des
bornes qui leur sont assignées par le principal intérêt
du pouvoir constituant de la société.

Lorsque la loi commerciale est le résultat forcé d'un
traité stipulé avec une puissance étrangère, qu'elle
soit favorable ou non aux intérêts des sujets du gouvernement qui est contraint de la promulguer, comme
les rapports qu'elle établit ne sont point de citoyen à
citoyen, mais de chaque citoyen à l'État, garant de leur
exécution, ces rapports sont totalement politiques. Ils
sont un sacrifice, une condition par laquelle on s'est
soustrait à de plus grandes calamités. Il ne suffit pas

d'en voir les inconvénients, il faut tâcher de redevenir le plus fort pour y remédier. C'est une loi de nécessité, dont il est inutile de parler davantage. Mais les lois commerciales qu'un gouvernement, libre dans l'exercice de son pouvoir, juge à propos de publier dans l'intérêt de ses sujets, méritent un examen plus approfondi. Ces lois dérivent du pouvoir plus ou moins étendu que les hommes ont accordé à leur gouvernement pour garantir leur sûreté et avancer leur bien-être consécutif. Il y a donc une mesure, du moins approximative, pour juger de leur légalité, lorsque des classes particulières du pacte social ne l'ont point déterminée. Les hommes désirent, il est vrai, de pouvoir augmenter leurs jouissances en augmentant leur fortune ; mais ils désirent encore plus d'être libres dans l'exercice de leurs facultés, de pouvoir acquérir ou perdre, jouir ou épargner, selon leur bon plaisir. L'opulence en prison n'est pas préférable à la médiocrité en liberté. Il est donc incontestable que toute loi commerciale, fût-il évidemment prouvé qu'elle tend à accroître la richesse de la nation, est arbitraire et radicalement vicieuse si elle est en opposition avec les principes de la loi naturelle, et conséquemment avec la volonté présumée des fondateurs de la société. Ainsi, lorsqu'en vue de procurer plus de sûreté aux transactions commerciales, le législateur dépasse ou viole la juste proportion qui doit

exister entre le délit et la peine, lorsque, par l'établissement de jurandes ou de compagnies privilégiées, il
porte atteinte à la liberté de l'industrie, lorsqu'il la
soumet à des règlements coactifs auxquels elle répu-
gne avec raison, le législateur agit illégalement et
gouverne mal ; lorsqu'au contraire il établit des tribunaux spéciaux pour juger sommairement des contestations qui s'élèvent entre les commerçants, lorsqu'il
affranchit leurs procédures des formalités minutieuses
du droit civil ordinaire, lorsqu'il s'occupe beaucoup
plus d'instruire que d'ordonner, alors il répond digne-
ment aux intentions du corps social et, en supposant
qu'il n'obtienne pas un si grand résultat, ce résultat,
du moins, sera légitime et moral et ne présentera point
une discordance fâcheuse avec les autres lois et intérêts
de la société. La loi qui défend ou assujétit à des
restrictions et à des perceptions fiscales l'introduction des produits du sol et de l'industrie étrangère,
ou la sortie de ces sortes d'objets de son propre territoire, étant à la fois une loi de finance et une loi
commerciale, doit, pour être utile sous ce double
rapport, tenir lieu dans le budget de l'État d'autres
impôts plus onéreux au peuple, et être graduée de
manière à soutenir et favoriser les intérêt agricoles et
industriels de la patrie. Cette loi, inconstante et mobile
comme la matière sur laquelle elle agit, exige de la

part du gouvernement une attention, pour ainsi dire, de tous les jours et de tous les instants. Ses rapports sont exclusivement une branche de la loi publique, puisque ce n'est pas de citoyen à citoyen qu'ils existent, mais de la masse civique au gouvernement. Au reste, comme elle renferme à elle seule une législation très-compliquée, il paraît convenable d'en envoyer les discussions à un tribunal particulier. La loi civile et ses tribunaux ne peuvent que perdre en indépendance ce qu'ils gagnent en étendue de juridiction, lorsqu'ils sortent de la précise nature de leurs fonctions, et prennent part à des affaires dans lesquelles le gouvernement est engagé.

Faire tout ce qu'on veut de son champ et de sa maison, hormis ce qui nuit à autrui, voilà le droit de propriété dans son acception la plus vraie et la plus étendue. En deçà comme au-delà, il y a abus de puissance ou abus d'autorité. C'est à garantir les citoyens de ce double abus que sont destinées les lois rurales, édilitiennes et sanitaires. Elles déterminent les cas où il y a nuisance à autrui ou à la société entière. Le gouvernement fait ces lois dans l'intérêt général et dans celui des particuliers ; elles doivent donc être considérées comme une ramification de la loi civile en ce qu'elles donnent lieu à des actions judiciaires de citoyen à citoyen, et comme administratives, en ce que le gouvernement est autorisé à agir lui-même contre les infracteurs, lors même qu'il n'y aurait pas de plaignant. La formation des réservoirs d'eau croupissante, la culture du riz et de la canne à sucre, la fixation des époques de la récolte ou de la chasse, les dépôts de fumier, la divagation des animaux nuisibles, la déviation des eaux courantes, la sûreté des édifices, leur cession au public dans des cas spécifiés, les rigoureuses précautions que commande, en certaines circonstances, le soin d'écarter de la société qu'on gouverne ces fléaux destructeurs par lesquels l'incurie d'un peuple peut devenir tout à coup mortelle à la nation la plus industrieuse, et vingt autres semblables occurrences forment l'objet de ces lois, contre lesquelles des légistes superficiels ont osé soutenir l'absurde prétention d'un droit de jouissance illimité. Le droit de propriété est une émanation de la loi naturelle, sans doute; mais il n'existe point en elle-même, puisqu'il ne peut trouver d'application que dans l'état de société. Cet état qui l'établit et l'assure peut donc le modifier dans l'intérêt de tous. Interprète de la volonté générale et responsable de la sûreté de la société, le gouvernement doit pouvoir mettre des limites, dans des cas particuliers, non-seulement au droit de propriété, lorsqu'il dégénère en caprice et met de l'orgueil à s'opposer à un plan d'amélioration générale, mais lors même que, par le refus que fait un citoyen d'adopter pour lui-même ou pour sa famille des règles sanitaires dont l'expérience et la raison ont démontré l'utilité, il risque de compromettre la santé publique, qui bien certainement n'est pas tenue à se sacrifier pour lui seul.

Les lois somptuaires n'étant plus guère en usage en Europe, j'aurais pu me dispenser d'en parler ici. Je dirai donc seulement que ces lois sont purement administratives et totalement étrangères à la loi civile. Elles tiennent même plus de la nature des institutions que des lois proprement dites, et les actions auxquelles elles peuvent donner lieu de la part du gouvernement seront plus convenablement jugées par des cours particulières que par les tribunaux civils ordinaires, qui, pour mieux conserver leur indépendance, doivent se renfermer autant que possible dans les attributions inhérentes à la seule loi civile. Mais cette rigueur de principes peut être tempérée à son gré par le gouvernement avec moins de danger pour la société lorsqu'elle étend le ressort des tribunaux ordinaires, que lorsqu'elle le rétrécit. Ce qu'il importe de bien établir et de mettre enfin hors de contestation, c'est que l'état de société n'étant autre chose que l'état de nature perfectionné, le gouvernement peut bien, dans une civilisation très-avancée, faire des lois et adopter des

mesures qui ne semblent pas être rigoureusement fon-
dées sur le droit naturel, qui sont au-aulà de ce
droit; mais il n'en peut faire ou prendre aucune, sous
quelque prétexte que ce soit, contraire à ce même
droit, parce que le gouvernement ne peut pas ôter aux
citoyens leur primitive qualité d'hommes et changer
les éléments constitutifs de leur être, qu'il a été institué pour protéger ou conserver.

Les limites dans lesquelles je me suis proposé de
renfermer ce discours ne me permettent pas de donner plus de développement aux rapports directs du
corps social avec ses membres, rapports qui ne forment point l'objet principal de la tâche que j'ai entreprise. Mais je sens qu'après avoir établi la différence
absolue de nature qui existe entre la loi civile et la
loi politique, il manquerait quelque chose à la connaissance, au moins générale, qu'on doit avoir de cette
dernière, si je ne touchais, en passant, les rapports
extérieurs de toute société avec une autre, quoique ces
rapports, qui forment l'extrémité de la chaîne politique, n'aient absolument plus rien de commun avec
ceux des citoyens entre eux.

On a comparé les rapports des divers corps politiques entre eux, à ceux des hommes vivant dans l'état
absolu de nature, et on leur a assez généralement appliqué les mêmes lois. Mais comme on a presque tou-

jours confondu les droits des hommes avec leurs passions, leurs inclinations naturelles avec les abus de ces inclinations, on n'a pas craint d'en inférer que, borné à faire le bonheur des membres qui le composent, chaque corps politique était par système en état de guerre avec les autres; que tout ce qui pouvait lui être utile était juste; et qu'enfin, plus ses rapports avec les autres corps se ressentaient de sa supériorité, plus ils étaient libres pour lui et forcés pour les autres, et moins ils s'éloignaient de la perfection dont ils sont susceptibles. Voyons ce qu'il y a de juste et de vrai dans cette hypothèse, et empressons-nous d'en écarter ce qu'elle présente d'atroce et d'illusoire. On doit être, je l'avoue, dans l'état de société, moins homme que citoyen; mais y doit-on cesser tout à fait d'être homme? Si cela était, il faudrait renoncer à la vie sociale et rentrer dans les forêts. L'homme tient de la nature le droit de préférer son bien-être à celui de son semblable; mais ce droit s'arrête aux bornes des besoins naturels. S'il va plus loin, ce n'est plus un droit qu'il exerce, mais une passion qu'il satisfait. C'est principalement pour réprimer ces passions effrénées, dont les écarts contrariaient, détruisaient le libre usage de leurs droits réciproques, que plusieurs hommes commencèrent à se réunir ensemble. Ainsi, le résultat des forces qu'ils mirent en commun, en d'autres termes, la puissance qu'ils créèrent n'a pu avoir, relativement aux hommes exclus de leur société, que le droit de les contenir, de les écarter, de leur nuire, si l'on veut, jusqu'à la mesure nécessaire pour assurer leurs personnes et leurs propriétés. Telle est la vraie base sur laquelle doivent poser les rapports politiques des différents États entre eux; tel est le caractère de justice et de force que la nature y a elle-même imprimé et qu'aucun corps politique particulier ne saurait effacer, altérer, sans avertir le monde entier qu'il n'entend plus faire partie de la grande famille des humains. Les rapports d'État à État peuvent donc être moins officieux, moins fraternels que ceux de la puissance civile avec les individus composant la société qu'elle régit; mais leur sévérité ne peut outrepasser les bornes du nécessaire sans être injuste, et, conséquemment, préjudiciable à la société même qui l'emploie. Il y a partout sur la terre trois espèces de société renfermées l'une dans l'autre : celle des pères et mères avec leurs enfants; celle de plusieurs de ces pères et mères réunis dans un corps particulier; et celle du genre humain, qui les comprend toutes. La première peut, de droit, préférer jusqu'à un certain point son intérêt à celui de la seconde et la seconde à celui de la troisième. Mais il est une borne qu'aucune d'elles ne doit franchir, et cette borne, encore une fois, est celle d'une équitable mesure de bonheur personnel et de prospérité sociale résultant du libre exercice des droits individuels ou sociaux qui a été l'objet primitif et seul raisonnable de l'abdication de notre indépendance naturelle.

Où finit le droit, là commence la vertu. Sacrifier son propre intérêt à celui de sa famille en est le premier degré ; sacrifier celui de la famille à la patrie en est le second ; le dernier et le plus sublime est de tout soumettre, tout immoler aux grands intérêts de l'humanité entière. Mais c'est à des hommes isolés, maîtres de l'emploi de leurs forces et de leurs actions qu'il peut seul appartenir. C'est le rôle des grands écrivains, des législateurs philosophes, et non des hommes d'État. Ceux-ci ne peuvent s'occuper du bonheur général de l'espèce humaine qu'en le subordonnant au bien-être de la société qui leur a confié le sien. Cependant, si la sublimité de cette vertu ne peut être de leur ressort, il n'en sont pas moins tenus à éviter l'extrémité opposée, soit parce qu'en faisant le malheur général des hommes, on n'en blesse pas moins la sensibilité de ses concitoyens, en qui la qualité civique ne saurait jamais effacer celle d'homme, soit parce qu'aucun corps politique ne pouvant être sûr d'être prépondérant sur la terre aussi longtemps qu'il n'y sera pas le seul, ces maximes meurtrières doivent

retomber tôt ou tard sur lui-même et faire payer cher
à ses descendants l'abus fait par leurs ancêtres d'une
puissance éphémère.

De ce que la société se compose de fractions de droit
et non de passions, de ce qu'elle a pour but le maintien
des facultés que les hommes se sont réservées et non
la vertu qui en est le sacrifice spontané, il s'ensuit
encore nécessairement que le gouvernement ne peut
ni prescrire la vertu aux citoyens, ni agir lui-même
par quelque passion que ce soit, fût-elle la plus noble
et la plus généreuse. La vertu elle-même n'étant autre
chose qu'une belle passion, la puissance civile ne
peut pas la pratiquer de son chef en faveur d'un souverain ou État étranger, s'il en doit coûter des sacrifices
extraordinaires à la société qu'elle gouverne. Un simple individu est le maître de sacrifier son bien réel à
son ambition qui est un bien imaginaire. S'il le fait, il
jouit au moins de son sacrifice ; c'est pour lui un calcul
d'intérêt comme tout autre. Mais les hommes ont-ils
accordé ce droit à leurs gouvernements ? Il est d'autant
plus absurde de le supposer, que le sacrifice de réalité
serait pour eux la jouissance d'amour-propre pour
ceux qui les gouvernent ; il est d'autant plus absurde
de le supposer que ce surcroît d'éclat et de considération, presqu'entièrement concentré dans un petit
nombre d'individus, menace bien plus la garantie des

droits civils et politiques au dedans, qu'il n'en augmente la force au dehors; sans parler de la situation violente où il met d'ordinaire la nation, situation dont toute la peine est pour elle, et le profit pour les chefs. Que telle soit la marche des gouvernements absolus on le conçoit aisément; le danger de ses suites est moins grand pour eux pendant que, d'autre part, la gloire du succès leur est exclusivement réservée.

Mais lorsque des républiques, assez puissantes déjà pour se balancer avantageusement avec plusieurs autres États coalisés contre elles, se livrèrent inconsidérément à la fougue des conquêtes n'a-t-on pas dû les plaindre en les voyant s'immoler elles-mêmes en aveugles sur l'autel d'une gloire chimérique? Elles perdirent de vue le but de la réunion sociale à force de vouloir lui donner de l'éclat; elles ont fait comme les hommes qui préfèrent le brillant à l'utile, et se sont perdues comme eux. Enfin, si l'on voulait une dernière règle pour juger de la justesse des différents rapports que nous venons d'analyser, nous n'hésiterions pas à prononcer que ceux de citoyen à citoyen qui constituent la loi civile, ne doivent être autre chose que les rapports même qui auraient continué d'exister entre les hommes dans l'état de nature, si cet état eût permis le développement de nos facultés, et si tous les hommes eussent été également disposés à respecter en

autrui les droits dont ils voulaient jouir eux-mêmes ;
que les rapports des citoyens avec le gouvernement ne
sont que des moyens adoptés pour assurer et garantir
les premiers ; que les rapports enfin d'État à État sont,
ou doivent être rigoureusement les mêmes que ceux
d'homme à homme vivant dans l'indépendance naturelle, en supposant l'espèce humaine ni parfaitement
bonne, ni tout à fait méchante, supposition la plus
conforme aux aperçus de la raison et de l'expérience.
Ainsi le but essentiel de tous ces rapports est le même,
la jouissance paisible des droits naturels ; et s'ils
diffèrent entre eux, c'est bien plus dans la mesure que
dans la nature des moyens qu'ils emploient pour l'obtenir. Par les premiers, tout membre de la société est
autorisé à préférer son bonheur à celui d'un autre ;
par les seconds, la société veille à ce qu'aucun de ses
membres n'augmente l'aisance de sa position en violant
les droits d'autrui ; par les derniers elle est autorisée à
assurer et accroître le bien-être de l'universalité de ses
membres aux dépens de tous ceux qui n'en sont pas ;
mais elle n'a le droit de contrarier la prospérité de
ces derniers qu'autant qu'elle est en opposition avec
la sienne.

Lorsque les gouvernements s'égarent, soit en déterminant mal, soit en ne suivant pas fidèlement la ligne
de leurs rapports avec les membres de la société, ou

les corps politiques qui lui sont étrangers, qu'ils le
fassent par erreur ou par passion, ils peuvent être
excusables jusqu'à un certain point, cette ligne n'étant
ni la même chez tous les gouvernements, ni de nature
à pouvoir être assez clairement tracée pour que des
yeux vulgaires ou fascinés puissent toujours la distinguer aisément. Mais quand les gouvernements empiè-
tent sur la loi purement civile, lorsqu'ils l'appellent à
part de leurs fonctions en l'amalgamant avec la loi
politique, alors, qu'il nous soit permis de le dire, ils
commettent une usurpation gratuite, ils sapent les
bases du contrat social, et, sans le vouloir peut-être,
ils n'agissent pas moins contre leurs propres intérêts
que contre ceux de la société qu'ils président.

Nous nous sommes félicité au commencement de
cet écrit de ce que l'indépendance des cours judiciaires
était un point hors de contestation chez la plupart des
gouvernements européens; mais, de ce que le droit est
reconnu, s'en suit-il que le fait existe et puisse réellement exister. La nomination des membres de ces cours,
leur avancement, leurs récompenses honorifiques ou
lucratives, sont partout dans les mains des gouvernements, constitutionnels ou absolus, sans qu'aucune
règle fondamentale et invariable ait été établie jusqu'à
présent pour les diriger dans leurs choix et dans la
distribution de leurs faveurs. Comment espérer, à

l'époque où nous vivons, de l'impartialité dans les décisions soumises aux membres de ces cours, si, élevés
dans la pernicieuse doctrine que la loi civile doit être
subordonnée à la loi politique, que c'est l'esprit de
celle-ci qui doit être l'âme de la première, les magistrats
se sentent poussés par des raisonnements erronés vers
la même décision que l'intérêt personnel leur suggère
de prendre? L'amalgame des deux lois fournira aux
chefs du gouvernement de si beaux prétextes pour engager les juges dans leur parti, que ce sera une sorte de
phénomène s'ils échouent auprès de quelqu'un d'entre
eux. La séduction du faux principe opérera d'elle même
sur les esprits médiocres, toujours faciles à s'en laisser
imposer par les phrases banales d'intérêt majeur, d'intérêt politique, pendant que les ambitieux y trouveront
un voile honorable pour couvrir leurs vues personnelles.

L'établissement du jury ne remédie même que
très-imparfaitement à ces graves inconvénients, par
l'extrême difficulté que présente son organisation
dans l'état actuel de la société. Étendez-vous le jury
à la presque généralité des citoyens, et en laissez-vous
au sort la désignation? vous risquez d'avoir pour
juges dans des causes graves et compliquées des hommes ignorants et n'offrant qu'une très-faible garantie de
leur impartialité. Restreignez-vous le jury aux classes
instruites et aisées? vous rendrez, en premier lieu, très-

onéreuse cette institution aux citoyens désignés pour
en faire partie, et, ce qui est plus dangereux encore,
vous créez une sorte d'aristocratie judiciaire plus
pernicieuse peut-être aux droits de l'universalité des
citoyens que ne le serait l'établissement des tribunaux
salariés et permanents. Que si vous donnez aux prési-
dents des cours ou aux administrateurs supérieurs des
provinces la faculté de remplacer le sort ou d'en modifier les résultats d'une manière quelconque dans la
désignation des jurés, vous détruisez l'esprit de l'institution et la rendez alors mille fois plus dangereuse
pour la liberté des citoyens que ne le sont les tribunaux
permanents ; parce qu'avec la même impulsion à la
partialité les jurés joindraient dans ces cas une bien
moindre responsabilité personnelle que les premiers.
De quelque façon qu'on s'y prenne, les difficultés
renaissent l'une de l'autre ; pendant que tout s'apla-
nit, tout s'éclaircit, tout s'arrange de soi-même pour
le mieux, si la loi civile est constitutionnellement
indépendante de la loi politique et du gouvernement,
si cette indépendance est reconnue et respectée par le
gouvernement lui-même, devenu étranger aux arrêts
du jury ou des tribunaux, parce qu'il l'est à la matière
sur laquelle porte leur action, isolée alors de toute
considération politique, et salutairement bornée à
la discussion des intérêts individuels comme à la

répression des délits et des crimes qui ont ces mêmes intérêts pour objet.

S'il était des hommes qui pensassent que, renfermer chaque partie constitutive de l'organisation sociale dans ses limites naturelles, c'est beaucoup trop y diminuer l'influence du gouvernement qui en est la force motrice et lui ôter de grands moyens dont il peut faire un utile usage, qu'ils se rassurent, ces amis de l'autorité, car en cherchant à rendre plus simple sa marche nous sommes loin de vouloir la rendre moins active, moins énergique. Qu'ils se rassurent, en mesurant d'un coup-d'œil l'immense étendue des ressources que présentent aux gouvernements le désir si naturel à toutes les classe des citoyens d'améliorer leur sort, ou de l'illustrer en l'identifiant avec celui de l'État ; les récompenses réelles de toute sorte dont ils sont les seuls distributeurs, et celles plus engageantes encore de l'opinion dont, pour être les modérateurs et les guides, ils n'ont besoin que de ne pas contrarier l'essort, qu'elle prend toujours d'elle-même, vers les talents et la vertu.

Et comptent-ils pour rien l'ascendant et la force des institutions politiques, de ce grand levier administratif dont il ne dépend que d'eux de multiplier et d'augmenter les effets ; effets d'autant plus sûrs et plus puissants qu'ils seront plus libres et spontanés ? On connaît les

prodiges que les anciens opérèrent par ce moyen, trop
négligé de nos jours. Mais la plupart de leurs institutions étaient coactives, et tellement cimentées avec la
loi, que je suis loin de vouloir les donner pour exemple
dans un écrit ayant pour objet de revendiquer pour
l'homme ses droits naturels, et non pas d'en raccourcir
les lisières. Les institutions dont j'entends parler
sont donc celles qui, sans toucher aux droits positifs,
donnent à tout ce que la génération naissante d'un
royaume ou d'un empire contient de plus heureuses
facultés, une impulsion louable vers le service public,
l'amour de la gloire et de la patrie; elles impriment
aux membres de l'État une physionomie, en quelque
sorte, distincte de celle des États qui l'environnent, et
font également germer les beaux faits et les efforts du
génie en ennoblissant la récompense nationale qui
les attend.

Ces règlements honorables doivent se rapporter en
même temps au climat et au gouvernement; mais au
climat pour le corriger, pour en triompher, au gouvernement pour l'aider et le fortifier. Ils doivent être
en harmonie avec les lois politiques, mais en emprun-
ter l'esprit et non la puissance obligatoire. Ils ne
doivent s'occuper de la loi civile que pour éviter soi-
gneusement d'en usurper ou entraver les droits et les
attributions. Ils doivent former les mœurs et les habi-

tudes et non s'y plier; les diriger et non en prendre
la direction. Faut-il le dire? le bonheur public n'est
pour ces institutions qu'un but secondaire; le premier est la splendeur et le maintien du gouvernement
existant. Si le gouvernement est sage, s'il est légitime, les deux buts se confondront dans un seul, et
j'aurai dit une vérité moins pénible à entendre; s'il
ne l'est pas, ses institutions ne vaudront guère mieux
que lui et ne seront pas le plus grand des maux qu'il
aura faits.

Nous avons démontré plus haut, en parlant de la
religion chrétienne, que ses rapports uniques et im-
médiats entre l'homme et le Créateur l'empêchent de
pouvoir être une branche de la loi civile ou de celle
de l'État; les mêmes raisons ne permettent pas de la
comprendre parmi les institutions politiques, et ses
vrais partisans s'en glorifient au lieu de s'en montrer offensés. Son institution humaine et divine tient
à la société générale des hommes avec Dieu, et non à
celle de quelques hommes entre eux. L'idée de donner au culte religieux la physionomie particulière
d'un État pouvait être tolérable dans ces temps et
dans ces lieux où la religion n'avait encore ni épuré
sa nature, ni deviné le secret de sa véritable grandeur, où elle était plus extérieure qu'interne, et ordon-
nait moins de croire que de solenniser; elle serait le

comble de la tyrannie depuis que la religion a pris le caractère d'une institution toute morale et intellectuelle. Dans l'état de nos mœurs et de nos connaissances, l'établissement d'une religion civique serait à la fois la conséquence et la preuve du despotisme le plus violent, l'occasion et le germe des plus affreuses calamités. Si la religion chrétienne est vraiment ce qu'elle dit être, il est de son intérêt comme de sa dignité de ne point chercher à sortir de sa sphère, aussi supérieure à celle des institutions civiles et politiques, que Dieu l'est à l'homme, l'éternité au temps, l'immensité des cieux à la planète que nous habitons. Consoler les hommes et les diriger vers le bien, c'est exercer sur eux le plus beau des empires; s'accommoder à tous les gouvernements, c'est ne dépendre d'aucun. Si elle est ce qu'elle doit être, il est de l'intérêt et de la sûreté du gouvernement de ne point faire entrer dans son organisation un ressort d'une nature si déliée, si différente de celle de tous les autres qu'il doit employer. On ne manie pas les armes spirituelles comme on veut; on ne saurait déterminer la dose précise d'esprit religieux qu'on veut administrer à un peuple, comme on lui prescrit celle d'une institution qui tombe sous le sens et peut être réglée par eux. Il y a tant de disproportion entre les récompenses et les peines que fait espérer ou craindre la religion, et celles dont le gouvernement le plus puissant peut disposer, que si la religion entre dans la machine de l'État, elle en doit nécessairement devenir l'arbitre, elle doit y régner par ses ministres sur ceux de la puissance civile, qui peu à peu se réduiront à ne plus être que les siens. Si elle est ce qu'elle dit être, il convient à tous les hommes qui la professent qu'elle garde une sainte neutralité dans les discussions politiques; en cessant d'être frères sur le champ de bataille, ils auront du moins l'espoir de le redevenir à l'autel. Le prêtre qui embrasse une opinion politique cesse d'être l'interprète d'un Dieu pour celui qui soutient l'opinion contraire. Ce serait un gouvernement sage et qui prouverait la force de sa constitution, celui qui défendrait aux ministres de tous les cultes de ne jamais parler de lui dans leurs sermons, de ne jamais y faire l'apologie de ses opérations ou de ses droits, quels qu'ils puissent être. En effet, quel rapport peuvent avoir les droits civiques ou les devoirs d'un sujet envers son souverain, avec une religion devant laquelle il n'y a qu'un Dieu et des hommes? Quelle patrie peut-il y avoir ici-bas pour une religion qui nous entretient seulement et sans cesse de la patrie céleste? En formant de bons époux, de bons fils, de bons pères, ne fait-on pas, sans le dire, de bons citoyens? Condamner l'oisiveté, le mensonge et la mauvaise foi, prêcher la justice et la bienfaisance, n'est-ce pas former des artisans laborieux, des honnêtes négociants, des propriétaires humains? N'exigeons pas davantage de la religion. Rendre les hommes vertueux, c'est mettre le comble à l'édifice de la législation civile, c'est le rendre plus solide à la fois et plus magnifique, c'est suppléer à ce que celle-ci ne doit ni ne peut faire, c'est préparer l'homme à devenir citoyen et empêcher que le citoyen ne cesse d'être homme.

Mais si, pour être utile à l'État, la religion n'a pas besoin d'en dépendre ou de faire corps avec lui, il n'en est pas de même de l'éducation. Le but immédiat de celle-ci étant le bonheur des hommes dans ce monde, c'est-à-dire dans la société dont ils font partie, elle doit tendre à coordonner le plus tôt et le plus fortement qu'il est possible, les vues individuelles avec celles de la société générale. Les vues dépendent des intérêts, les intérêts des penchants, et les penchants, quoique ayant leur source commune dans la nature, ne se développent et ne se montrent à nos yeux que sous les formes et les couleurs que l'éducation leur donne. L'emploi de la chose est bien plus important ici que la chose elle-même.

Quelque différence et quelque variété que la nature ait pu mettre dans nos penchants, la société étant elle-même un corps très-mixte et très-composé, il n'y a point d'inclination particulière qui n'y puisse trouver un développement, une application favorable au bien général, si elle y est dirigée de bonne heure par une éducation assortie; mais le fait est que cette grande diversité d'aptitudes et de penchants se réduit, en sortant des mains de la nature, à un bien petit nombre de caractères distincts et tranchés, dont, en supposant même que l'éducation ne pût pas essentiellement modifier la qualité, elle peut toujours diriger l'action à l'avantage de la société. La race humaine est généralement brave : si donc on n'altère, on n'amollit, on ne dégrade pas son naturel par des lois et des institutions trop serviles ou trop coërcitives, on ne doit pas craindre que la société manque jamais de bras pour la défendre. Que sera-ce donc si ce penchant est fortifié par une éducation analogue, si, en le suivant, on marche à la gloire et l'on fait sa fortune? Mais il est des caractères indomptables, impétueux, qui sortent de la ligne ordinaire. Une éducation bien entendue en eût fait des héros; une éducation lâche et superstitieuse, une éducation qui les contrarie sans cesse au lieu de les diriger, n'ayant aucune prise sur eux, ne fera que les irriter, les aigrir; ils se révolteront contre l'ordre social qui les gêne, ils deviendront le fléau de la société qui leur eût érigé des statues.

Les hommes ne naissent pas plus bons ou méchants qu'ils ne naissent poètes ou orateurs ; doués de fibres plus délicates ou plus robustes, d'un tempérament plus sanguin ou plus flegmatique, et par conséquent plus prompts à concevoir, ou plus faits pour la méditation, plus timides ou plus hardis, plus actifs ou plus paresseux, plus portés à la ruse ou à la force, c'est l'éducation, prise dans l'acception la plus étendue de ce terme, qui produit ensuite cette innombrable multiplicité de nuances morales et intellectuelles que l'on observe dans une grande société, et qui ne sont au fond que l'application de trois ou quatre différents caractères primitifs à des objets et à des fonctions diversifiés à l'infini. Qu'on dise tout ce qu'on voudra des différentes dispositions naturelles de l'homme, qu'on les attribue à la diversité de l'essence élémentaire de son âme ou à celle de notre organisation intérieure, on ne me persuadera jamais que celui qui a su me faire pleurer et frémir dans une tragédie n'eût produit sur moi le même effet à la tribune, si l'éducation ou les circonstances eussent dirigé son talent vers l'éloquence politique. La verve impétueuse et ardente de Pindare m'annonce qu'il fût devenu, comme Alcée, un chef de parti bouillant et intrépide, si ses premières sensations ne l'eussent passionné de bonne heure pour la gloire poétique de préférence à toute autre.

Si la bataille de Philippes avait été gagnée par les
républicains, Horace eût vraisemblablement tourné
vers l'administration publique les talents qu'il consa-
cra depuis à la poésie; il eût été un homme d'État
judicieux et délié au lieu d'un courtisan adroit; mais
sa conduite dans cette fameuse bataille et le parti qu'il
prit sur-le-champ prouvent, aussi bien que l'épicu-
réisme de ses écrits, que dans aucun cas il ne se serait
distingué les armes à la main.

Voyez ces habitants de la basse Italie, jadis l'admiration et la terreur des peuples dont ils sont devenus
le jouet, et qui ne leur prodiguent pas encore tout le
mépris qu'ils méritent par l'abandon où ils laissent
les plus beaux dons de la nature, ou, ce qui est pire
encore, par le mauvais usage qu'ils se sont habitués
d'en faire. Leur front inculte mais élevé, leur démarche fière sous des haillons, leur aversion pour les
métiers sédentaires et les arts qui n'exigent point de
talents, leur patience à supporter les maux physiques
pendant qu'ils sont si vifs et si prompts à se soulever
pour des opinions; leur indiscipline, leur frugalité,
leur fanatisme religieux, leur goût, leur passion pour
tout ce qui détache l'homme des soins domestiques,
leurs vices, leurs écarts enfin, ne dévoilent-ils pas les
descendants de ce peuple indocile, inquiet, dont le
fanatisme patriotique put seul cimenter l'union, qui

vivait plus dans le Forum que dans ses foyers, s'occupait plus d'une loi générale que de ses propres intérêts, et aimait mieux acheter de son sang que gagner
à la sueur de son front une nourriture grossière dont
les bruyantes acclamations du cirque faisait tout
l'assaisonnement, et qui suffisait quelquefois à peine
pour les sustenter? Si vous en doutez, voyez ceux de
ces mêmes habitants que l'éducation mit à même de
diriger l'élan de leurs facultés naturelles vers le seul
but qui se présentait à leur ambition. Membres d'un
État, privé, par une malheureuse combinaison de circonstances, des moyens physiques qui constituent la
puissance ordinaire, avec quelle suite d'opérations et
de pensées, qu'aucun hasard imprévu, aucun événement sinistre ne peut interrompre, ils parvinrent à se
créer sur les esprits un empire bien plus vaste et plus
absolu que ne le fut jamais l'empire romain, empire
d'autant plus étonnant et glorieux qu'il y a plus de
vraie grandeur à commander à la partie intellectuelle
de notre être qu'à celle qui n'est mue que par les sens!
Oui, pendant quelques siècles, à ne considérer que
l'étendue et la fierté de la domination, la Rome des
papes a été plus imposante au dehors que celle des
Césars. Si les empereurs firent des rois, les papes
firent et défirent des empereurs, et l'évêque de Rome
vit sa prééminence sur tous les potentats reconnue

dans les quatre parties de la terre. De la zône glaciale à l'équateur, Rome chrétienne dicta impérieusement les lois du juste et de l'injuste. Des milliers de nations inconnues à Rome guerrière acceptèrent, baisèrent les chaînes qu'elle voulut bien leur imposer, révérèrent son joug, reçurent ses garnisons et ne rougirent point de se rendre ses tributaires ; elle alla jusqu'à leur prescrire la mesure et le mode de leur subsistance, jusqu'à leur circonscrire le cercle et tracer la ligne de leurs affections. Elle dompta, subjugua les âmes, leur fit abjurer leur raison, les enivra, les sacrifia à son gré, leur donna une conscience artificielle qu'elle ploya, mania, modifia de mille manières, jusqu'à ce qu'elle en eût fait l'instrument aveugle de ses intérêts. Si ce n'est pas là de la force d'esprit, je voudrais bien qu'on me dît en quoi elle consiste ; je voudrais qu'on me dît s'il est plus admirable de produire un petit effet avec une grande masse de forces ordinaires, ou d'atteindre les bornes du possible et étonner l'imagination elle-même avec des moyens imperceptibles et nouveaux. Ce grand empire fut un grand mal sans doute. Quelle domination étrangère fit jamais le bonheur des nations assujéties ?

Quand on parle d'institutions civiques, il paraît que l'esprit aime à se reporter de préférence aux États

républicains. Mais si cette sorte d'organisation sociale
en a fourni des exemples plus marquants, toute autre
espèce de gouvernement, pourvu qu'elle s'éloigne du
pur arbitraire, n'en est pas moins susceptible. Dans
les monarchies de nos jours, qu'il est si fort dans l'intérêt du souverain de tempérer par les mœurs et l'o-
pinion, lorsqu'elles ne le sont pas encore par de
grandes magistratures et des lois positives, ce sont de
sages et belles institutions qui, en développant toute
la vigueur des caractères, peuvent seules les faire servir au maintien et à la gloire du gouvernement; ce
sont elles seules qui, sans altérer les droits du trône,
peuvent en rendre l'exercice plus libéral, plus convenable à la dignité de l'homme; ce sont elles encore
qui doubleront l'effet des lois, dispenseront de bien
des contraintes odieuses, formeront, pour ainsi dire,
entre le monarque et ses sujets, une espèce de constitution tacite et spontanée, d'autant plus solide et plus
respectée, qu'uniquement basée sur l'habitude et sur
l'honneur, elle opérera le bien sans en afficher la prétention et ne servira pas moins les intérêts du monarque que ceux des sujets. Cette vérité fut sentie de
bonne heure de presque tous les gouvernements; presque tous se prévalurent de cette ressource avec plus
ou moins d'avantage, selon que la main de l'institu-
teur fut guidée par les préjugés ou les lumières de
son siècle.

Cependant, il faut le dire, ce que quelques écrivains, aveuglément passionnés pour tout ce qui tient à leur terre natale, ont bien voulu appeler institutions politiques de la monarchie française avant la révolution, n'offre que des idées si minces, des imitations si pâles et si décolorées de l'ancien, que c'est, en quelque sorte, changer la valeur des termes que de leur donner cette importante et honorable dénomination. Le haut clergé, bien loin d'y avoir été organisé de manière à y devenir le soutien du trône, y était continuellement en dispute avec le gouvernement et ne contribuait aux dépenses de l'État que quand, et comme il le voulait. La noblesse, après avoir guerroyé pendant des siècles contre ses rois, n'avait posé les armes flagrantes que pour leur faire la seconde guerre de l'intrigue et de la flatterie. Les établissements d'éducation n'y avaient aucune couleur propre et nationale; ils tendaient à faire quelques officiers, quelques gens de robe et quelques hommes de lettres, comme on fait des architectes et des peintres, mais rien n'y exaltait l'imagination, rien n'y parlait au cœur, rien n'y portait l'empreinte spéciale de la nation, si ce n'est peut-être des défauts qui lui sont généralement reprochés. Les titres et les décorations y étaient distribués par la faveur ou accordés par système, bien plus souvent à l'ancienneté qu'à l'éclat du mérite. Tout marchait néanmoins plutôt bien que mal dans cette belle France, parce que c'était la plus nombreuse et la plus puissante des nations civilisées, parce qu'une infinité d'heureuses circonstances indépendantes du gouvernement l'avaient rendue le modèle envié des autres monarchies; parce que, enfin, comme l'a dit son plus grand écrivain du siècle passé, tout allait beaucoup plus mal encore chez ses voisins. Il est aussi bon d'observer que les grands États, qui, à l'étendue de leur territoire et à la force de leur population, joignent l'avantage d'une civilisation universelle très-avancée, ont moins besoin de ce ressort particulier, le développement ordinaire de leurs moyens suffisant pour maintenir sans efforts l'indépendance et la dignité nationale. C'est le besoin qui enfante les ressources, et c'est peut-être parce que la vieille France monarchique pouvait se passer de ces utiles accessoires qu'on ne la vit pas ajouter ses secours à la masse déjà si importante de ses forces défensives et offensives.

La France républicaine eut une si courte existence, qu'on pourrait se dispenser d'en parler, si plusieurs des beaux établissements, qui font encore l'ornement et la force du gouvernement qui lui succéda, n'avaient pris naissance dans cette courte durée. Parmi les institutions qui disparurent avec la république, quelques-

unes, osons le dire, furent de grandes et belles pensées ;
et, si leur développement n'avait pas été subitement
arrêté par un fatal concours de qualités héroïques
d'une part, et de fautes inexplicables de l'autre ; si
la république eût pu exister dix ans en France, il n'est
pas absurde de croire qu'elle s'y serait naturalisée de
manière à résister à l'action des siècles et des combinaisons étrangères le plus opposées à sa conservation.
Mais le ciel en avait ordonné autrement ; et ce fut la
main qui paraissait destinée à mettre le comble à ce
superbe édifice, qui fut choisie pour en saper les fondements et le terrasser. En mesurant de l'œil l'immense
champ de gloire qui s'offrait au héros dans lequel ils
avaient mis toute leur confiance, les républicains ont
pu être, en quelque sorte, excusables de s'être flattés
qu'il ne sacrifierait pas le plus beau rôle qu'un homme
eût encore joué sur la terre, à la vulgaire ambition de
se construire un trône et d'y siéger avec les formes et à la
manière du commun des rois. Ils se trompèrent pourtant, ou plutôt ce grand homme se trompa lui-même.
Les scènes sanglantes de 1793, avait laissé dans son
âme une profonde impression. Les absurdes tenta-
tives que les débris de ce même parti firent en l'an VII
pour ressaisir le pouvoir, et les atroces projets dont
ils ne dissimulèrent point l'intention, en lui faisant envisager comme impossible la consolidation du système

républicain en France, lui inspirèrent l'idée de conserver à la patrie tout ce que la révolution avait enfanté de bon et d'utile en le cimentant avec la forme imposante du pouvoir monarchique. Si le rétablissement de l'ancienne dynastie n'avait pas été à cette époque une chose au-delà de toute possibilité, cet homme extraordinaire se fût peut-être borné à devenir le Monk de son pays; mais ceux qui ont bien connu l'esprit public de ces années, encore si près de nous, savent que de toutes les propositions les plus bizarres et les plus inattendues, celle-ci était alors la seule qui n'aurait pu être mise en avant sans crainte de la voir taxer de démence. Bonaparte se vit donc entraîné, porté, d'événements en événements, de circonstance en circonstance, à la suprême magistrature; et décidé, comme il l'était, à redonner à la France la forme du gouvernement qu'il imaginait pouvoir seule lui convenir, ce fut par une grande et lumineuse conception qu'il commença son entreprise. La Légion d'Honneur fut instituée. Accessible à toutes les sortes de mérite, à tous les rangs de la société, elle imprima un cachet solennel d'évidence à l'égalité civique, à ce principal résultat de la révolution, qui fut peut-être son véritable motif et son but, mais, en même temps, elle tourna vers la soif des distinctions personnelles cette ardeur généreuse qui avait eu, peu auparavant, pour objet la liberté politique et la gloire nationale. Les hommes ordinaires ne virent d'abord dans cet établissement qu'une manière de récompense imitée des ordres de chevalerie si communs en Europe et n'en prirent point d'ombrage ; mais ceux qui en approfondirent le caractère particulier en furent justement alarmés, et opposèrent à son introduction dans la république le peu de forces et de moyens qui restaient à des magistrats isolés et découragés. C'est ce caractère particulier qui lui valut la véritable dénomination d'institution politique et la distingua de toutes celles, en apparence semblables, dont elle n'emprunta que la décoration matérielle. Sa création devint la source d'un nouvel esprit, le véritable commencement d'un nouveau régime ; elle tua la théorie de la liberté, en conservant les plus essentiels de ses résultats pratiques. Devenu empereur, Napoléon ajouta par la suite à la Légion-d'Honneur d'autres modes de récompenses et de faveurs, dans lesquels il n'eut pas le même mérite d'invention, et qui, sans être d'aucune utilité au développement de sa nouvelle puissance, en inspirant des défiances sur le maintien même de l'égalité, lui firent autant d'ennemis qu'il y avait encore en France d'hommes passionnés pour un reste de liberté. Ce renouvellement burlesque de titres féodaux sans féodalité, cette autorisation donnée aux

grands de son empire de couvrir les honorable cica-
trices de leur poitrine avec les hochets des rois qu'ils
avaient vaincus, furent, dans sa position, de très-
grandes fautes ; qui peut en douter ? Mais l'institution
de la Légion-d'Honneur par le premier consul d'une
république qu'il voulait anéantir ne fut pas une faute,
elle fut un crime ; et malgré les prodiges de valeur
que cette institution enfanta depuis son établissement, nonobstant le changement totale de circonstances qui la fait maintenant envisager à juste titre
comme un dernier rempart existant contre l'invasion
des nouvelles prétentions nobiliaires et ultrà-monar--
chiques, on ne peut reporter ses regards vers l'époque
de sa création sans éprouver un sentiment mêlé
d'admiration et de rancune pour l'homme étonnant
qui en fut l'auteur.

De cette œuvre du génie, si féconde en grands résultats, passerons-nous à l'examen de quelques-uns de
ces débris d'institutions de la vieille Europe fédérale
qui semblent n'avoir survécu à l'écroulement de l'édifice dont elles étaient l'entablement que pour nous
conserver une preuve vivante de son absurdité ? Nous
n'y verrions que totale absence de vues politiques et
constant mépris de la raison humaine. Nous n'y
pourrions rien apprendre, si ce n'est combien il est
difficile, au sein même de la plus éclatante lumière, de

secouer entièrement le joug des préjugés et de dissiper les prestiges issus de la bizarre imagination des siècles les plus ténébreux.

Mais il est une vaste étendue de pays habitée par une multitude de peuples mi-européens, mi-asiatiques, mi-barbares et mi-civilisés, touchant au pôle glacial et aux climats les plus tempérés, dont un génie, vraiment créateur, parvint, aux moyen de ses grandes et nouvelles institutions, à former en moins d'un demi-siècle une seule nation aussi compacte et homogène dans toutes ses parties, aussi fortement constituée que si elle n'occupait qu'un espace de terre proportionné à ses besoins. Le grand homme qui, au milieu des conspirations domestiques et d'une longue guerre soutenue contre les meilleurs troupes de l'Europe, opéra ce prodige sans exemple depuis les temps fabuleux, avait trouvé ces peuples indociles et paresseux, se méconnaissant eux-mêmes et le sol qui les nourrissait; remués, dominés tour à tour par leurs prêtres et leurs boyards, mauvais citoyens et mauvais soldats; sans culture, sans commerce, sans aucune des connaissances qui rendent la vie agréable et l'État puissant. Il les avait trouvés entourés de tous côtés d'ennemis redoutables qui ne daignaient presque pas les compter dans les calculs de leur politique. Tout autre eût été effrayé de la grandeur et de la multiplicité des obstacles qui

s'opposaient à son entreprise. Pierre 1er n'en fut
que plus affermi dans le plan admirable qu'il avait
conçu. De ce coup-d'œil du génie qui embrasse et lie
dans sa sphère le passé, le présent et l'avenir, il
mesura l'immensité des besoins et des ressources de
son empire, approfondit les dispositions de ses habitants, devina leur gloire future ; et pendant que, de
toutes les parties du monde, il attirait dans ses forêts
les arts et les hommes utiles à ses vastes desseins, il
puisait dans les plus profonds replis du cœur humain
les moyens infaillibles d'en assurer les succès.

La superstition, dont il n'était ni urgent ni facile
de le guérir, fut laissée à ce peuple encore trop jeune
pour s'en passer. Mais la tolérance y fut associée; que
dis-je? l'égalité religieuse la plus illimitée, la mieux
observée dont, après la propagation de tant de lumières, aucun État de l'Europe puisse encore se vanter
dans la pratique. Quand on réfléchit à ce qu'il en a
coûté de temps et de peines aux gouvernements les
plus éclairés pour s'affranchir du joug sacerdotal;
quand on pense surtout, qu'ils n'y ont réussi qu'en
favorisant en quelque sorte l'irréligion des peuples,
on ne peut qu'être saisi d'étonnement en voyant un
gouvernement qui est parvenu sans bruit et en si peu
de temps à priver les ministres du culte dominant de
toute signifiance dans l'État, sans rien ôter à ce même

culte de l'autorité et de la force qu'il doit avoir pour le plus grand bien des peuples et du souverain. Il est vrai qu'amenée insensiblement à n'être presqu'autre chose qu'une pratique extérieure, la religion n'a pas besoin en Russie de ministres dont la capricieuse logique ou la fougueuse éloquence puisse séduire ou entraîner les esprits. Le haut clergé, très-peu nombreux, se compose d'évêques aussi pieux qu'éclairés, non moins hommes d'État que d'église, attachés par les liens les plus forts et les plus honorables au chef du gouvernement qui est en même temps celui de la hiérarchie dont ils forment le second degré après lui. Les pasteurs subalternes, pères de famille et pensionnaires de l'État, lui répondent doublement de leur conduite. Maîtres de cérémonies plutôt que de morale, tirés pour la plus grande partie de la dernière classe des citoyens, peu instruits et mal salariés, ils mènent ordinairement au milieu du peuple une vie assez peu édifiante : aussi, à peine ont-ils quitté leurs habits sacerdotaux que ce même peuple qui se prosternait à leurs pieds et baisait le pan de leur soutane à l'autel, ne voit plus en eux que les compagnons de ses amusements les plus grossiers, et n'en ferait pas plus de cas, s'ils se hazardaient à le haranguer hors du temple sur des sujets étrangers à leur ministère, que nous n'en ferions d'un comédien qui s'aviserait de prendre dans la société le ton héroïque des rôles qu'il joue sur le théâtre.

L'insubordination d'une noblesse, aussi puissante par le nombre de ses serfs que par les droits dont elle était investie, présentait de plus grands obstacles à vaincre; et c'était cependant de cette victoire que dépendaient toutes les autres. On sait comment ce grand homme s'y prit, par quel exemple inouï jusqu'à lui, il força au silence l'amour-propre le plus hautain et le plus indocile. Mais, à quoi il me semble qu'on n'a point fait assez attention, c'est à cette sublime et merveilleuse conception qui, en déclarant tous les gentilshommes égaux entre eux, les rangea, sans aucun égard aux titres et à l'illustration, ou à l'ancienneté de famille, en différentes classes, uniquement relevées par l'importance des services personnels rendus à l'État, et l'éminence des places qu'ils occupaient. C'est en attachant à chacune de ces classes des marques distinctives extrêmement visibles et qui suivent l'homme qui en est revêtu dans toutes les fonctions et circonstances de la vie sociale; c'est surtout en rendant le rang du mari commun à la femme, à la femme en qui l'avidité des distinctions est bien plus active encore que chez les hommes, qu'il parvint à former cette vive tendance de tous les membres de l'État vers le gouvernement, cette impulsion générale vers le service public, ce besoin impérieux, cette nécessité de se signaler, telle qu'on n'en trouve point de semblable dans aucune monarchie de l'Europe. D'un autre côté, en ouvrant à toute sorte de mérite et d'industrie une voie facile pour acquérir la noblesse et la transmettre à ses descendants, il en rendait le premier degré tellement commun que le seigneur le plus distingué par ses richesses ou par ses aïeux se trouverait confondu dans une foule appelée peuple partout ailleurs, s'il s'obstinait à ne point chercher dans le service et la faveur de la cour un rang supérieur à celui qu'il tient de sa naissance. Mais ce n'est pas là le seul effet de cette mesure si simple en apparence; un autre non moins important, c'est d'empêcher qu'il ne se forme parmi les nobles d'une opinion indépendante de celle du gouvernement, et qu'il ne s'élève parmi le peuple de classe qui, rivalisant avec les nobles par les richesses ou les talents, soit forcée d'en devenir l'ennemie par désespoir de jamais en partager les prérogatives.

L'égalité sociale devient tôt ou tard le premier besoin des peuples civilisés. Des deux moyens de l'atteindre, la dépression de la noblesse ou l'élévation de la classe populaire, Pierre 1er adopta le second comme le plus conforme à ses vues, au temps et aux lieux pour lesquels il faisait ses statuts ; et l'on voit tous les jours davantage à quel point le succès répondit à ses espérances. Une conséquence nécessaire de cette grande idée fut de rendre toutes les décorations de la chevalerie accessibles sans exception, au seul mérite, dans quelque classe de la société qu'il se trouve ; idée qui peut ne pas paraître extraordinaire dans ce moment, mais qui, au temps où elle fut adoptée par un gouvernement qu'on ne soupçonnera pas de démocratie, prouve que le génie qui la conçut devançait le développement de son siècle. Elle prouve qu'en embrassant par la force du raisonnement tout ce que les différents systèmes offrent de meilleur en administration, le législateur moscovite savait en démêler les conséquences, et ne craignait pas de corroborer et embellir un gouvernement monarchique par quelques-uns des avantages attachés à l'égalité républicaine. C'est une opinion généralement reçue que le grand nombre de décorations accordées en diminue proportionnellement le prix. Cette opinion, qui n'est pas sans fondement dans les pays où il peut exister une grande considération personnelle indépendante de la faveur de la cour, quelquefois même en opposition avec elle, se trouve absolument fausse en Russie. Par les raisons que je viens d'alléguer, le gouvernement et le public éclairé n'y pouvant avoir qu'une seule et même voix, comme ils n'ont qu'un seul et même intérêt, plus il y a d'individus revêtus de ces marques d'honneur, et moins il devient possible à tout homme doué de quelque sensibilité de s'en passer. Il n'y aura pas, si l'on veut, beaucoup de gloire à se montrer décoré d'une croix de Saint-Wladimir ou de Saint-Georges ; mais c'est, pour un officier qui compte quelques années de service, une honte insupportable d'en être privé, et le besoin de se soustraire à la honte est bien plus pressant et plus général que celui de se distinguer.

C'est encore la Russie qui, la première dans les temps modernes, replaça sur la même ligne le civil et le militaire, en classa les employés dans les mêmes rangs, et leur permit de passer alternativement d'un service à l'autre, selon que l'âge, les circonstances, l'aptitude et le goût les y portent de préférence. Par cette institution, aussi libérale que politique, elle rendit aux hommes un degré bien précieux de liberté réelle, celui de pouvoir changer d'état et de ne pas être esclave toute sa vie d'un parti embrassé le plus souvent à quinze ans. Elle porta dans le service civil l'esprit de subordination et la délicatesse qui sont plus particulièrement l'apanage du militaire. Flattant les jeunes officiers de l'espérance de remplir un jour des places administratives, elle leur inspire le désir d'en étudier les principes et les lois, et les détourne ainsi plus aisément de l'oisiveté et de ses suites pernicieuses. Elle purge graduellement et sans violence l'armée de campagne de tous les militaires que le développement ultérieur de leur tempérament ou des motifs quels qu'ils soient, peuvent rendre moins propres à un service aussi actif que celui d'un empire qui touche d'un côté à la Chine et de l'autre aux frontières de l'Allemagne; elle favorise l'avancement de ceux qui restent sous la tente, et, en faisant l'intérêt de tous, elle fait surtout celui de l'État, qui n'est jamais mieux servi que, lorsqu'en remplissant son devoir, on suit en même temps son penchant.

On a dit, et rien n'est plus vrai, qu'un des grands avantages des révolutions politiques, la raison peut-être pour laquelle, au milieu des désastres qui les accompagnent, on exécute parfois des choses qu'on n'aurait pas même osé concevoir dans les temps les plus prospères, c'est que dans le bouleversement général de la société, chacun y prend la place vers laquelle il se sent poussé par l'élan de sa nature. Cet élan, est bien autre dans un homme adulte et qui connaît toute la force de l'engagement qu'il contracte, toute l'étendue de la carrière dans laquelle il se lance, que dans un jeune homme qui s'ignore lui-même, et ne connaît pas encore l'état qu'il a embrassé; de même que cet élan est d'autant plus sûr et plus impétueux qu'il a été longtemps comprimé. A cet égard on peut dire que le service russe est dans une espèce de rota-

tion continuelle ; et l'expérience de près d'un siècle à
bien assez fait voir, je crois, à l'Europe, si un système
généreux, qui a été celui des Romains et des Grecs,
ne vaut pas mieux que cette misérable démarcation
d'emplois et de charges qui, introduite d'abord par la
féodalité, rendue ensuite nécessaire par la ridicule
complication de nos lois civiles et administratives,
semble partager le gouvernement en deux, et, mettant
exclusivement d'un côté l'habitude du courage et le
mépris des dangers, de l'autre les magistratures paisi-
bles et les travaux du cabinet, tend si manifestement
à rendre les possesseurs des dernières incapables de
conserver dans l'orage cette assiette imperturbable et
de prendre sur le champ ces partis énergiques qui
peuvent seuls sauver le gouvernement dans des jours
de crise extraordinaire.

A ces grands encouragements donnés au mérite
national, ajoutez cet appel régulier et constant fait au
mérite et à l'industrie européenne par l'ukase sys-
tématique qui admet au service de l'État tout militaire étranger qui se présente avec des certificats honorables, tout homme reconnu utile à une branche
quelconque de l'administration, et vous aurez le secret de la puissance Russe. Rome, dans les temps anciens, et les États-Unis de l'Amérique de notre temps,
ont dû leur rapide élévation aux lois hospitalières ;

mais aucune contrée n'en a jamais fait une plus libérale application que l'empire de Russie.

Publicistes à courte vue, grands faiseurs d'un petit coin de l'Europe corrompue, qui appelez patriotisme l'exclusion des étrangers de vos droits politiques, voyez la gloire et la prospérité toujours croissante de l'Amérique septentrionale et de la Russie ; voyez leurs belles et philosophiques institutions, et décidez, si vous l'osez, laquelle est, de vous ou d'elles, la nation qui conçoit le mieux ses véritables intérêts.

Après avoir donné un aperçu de ces lumineuses maximes qu'on peut regarder, en quelque sorte, comme la base constitutive de l'empire russe, le principal mobile de la grandeur à laquelle il est parvenu, il serait plus qu'inconvenant dans un écrit où il n'est question que par incident d'institutions politiques, d'en indiquer d'autres moins remarquables, telles que ces différents corps impériaux de cadets où, de tous les points de cette immense contrée, l'élite de la jeunesse vient recevoir gratuitement, dès l'âge le plus tendre jusqu'au terme de l'adolescence, une éducation également propre à en faire de bons militaires et des administrateurs éclairés. Car, quoique ces établissements plus importants, plus nécessaires, dans certains États que dans d'autres, aient aussi atteint dans cette terre nouvelle un degré de perfection qui laisse bien loin derrière eux ceux de la plupart des pays qui se vantent d'une ancienne civilisation, ils n'offrent pourtant pas assez d'originalité pour être placés à côté des grandes et nouvelles institutions dont nous venons de parcourir les traits les plus saillants.

Cependant il est un de ces établissements qui, par la grande influence qu'il a eue sur la civilisation de l'empire russe, peut mériter qu'on en fasse ici une particulière mention. Policer et civiliser la nation, n'est pas seulement lui prêter, comme l'ont écrit des observateurs superficiels, le vernis de nos modes et de nos préjugés; c'est y créer la véritable puissance nationale; c'est, en donnant à ces peuples de nouveaux besoins, en leur faisant connaître de nouvelles jouissances, les tirer de l'assoupissement où ils ont langui durant tant de siècles; c'est leur inspirer le goût du travail, qui peut seul les mettre à même d'y satisfaire; c'est surtout y doubler et améliorer la culture des terres; c'est donner au monarque des sujets plus laborieux, plus intelligents, plus adroits; c'est leur faire mieux exploiter leurs mines et leurs forêts, ce fonds inépuisable de richesses qui, dans la balance du commerce extérieur, mettant du côté des Russes le nécessaire et de l'autre le superflu, leur assure la prépondérance pour bien des siècles encore, en même temps qu'il laisse au gouvernement la faculté d'en ré-

gler et soumettre l'échange à toutes les restrictions, à
tous les sacrifices qu'il juge convenable de lui imposer. Et à qui le gouvernement s'est-il adressé pour
favoriser et étendre les progrès de la civilisation ? A
ce même sexe qu'il a associé aux honneurs et prérogatives des maris pour rendre plus agissante l'émulation.
Une grande et magnifique institution fut fondée à Pé-
tersbourg, où, de l'intérieur de ce vaste empire, des
frontières de la Chine, de la Perse, de la Grèce et de
la Laponie, les filles des guerriers qui se sont distin-
gués au service de la patrie, des magistrats qui en ont
bien mérité par leur zèle et leurs lumières, des hommes, enfin, recommandables par leur influence dans
ces contrées lointaines, leurs filles sont élevées, sous
la direction immédiate de l'épouse ou de la mère de
l'Empereur, dans les études et dans les arts, qui en
parant un beau naturel, en font ressortir davantage
les grâces, et rendent plus durable et plus vif l'intérêt qu'il inspire. Qu'on se figure voir tous les ans un
essaim brillant de jeunes élèves, dans l'âge où l'ingé-
nuité et la fraîcheur peuvent tenir lieu des dons plus
marquants de la nature à celles qui en ont été moins
bien partagées, se répandre du sein de cet établissement, sur toute la surface de l'Empire ; emportant,
avec le goût de la civilisation européenne, avec la délicatesse des sentiments, les connaissances solides, les ta-

lents agréables, et la finesse de manières qui la distin-
guent, les instruments même et les livres qui ont servi à
leur éducation, et les trophées honorables attestant les
progrès qu'elles y ont faits; qu'on se figure l'impression
que doit produire leur retour dans le pays qui les a
vues naître, l'enjouement avec lequel leur bon ton,
leur langage leurs agréments de toute espèce vont
être imités, copiés par leurs égales ; qu'on y ajoute
l'œil protecteur de la cour, qui les suit partout, et la
considération personnelle qui en est inséparable dans
une telle sorte de gouvernement, et l'on aura une
idée de l'empressement avec lequel elles doivent être
recherchées et mises presque aussitôt dans le cas de
répéter sur leurs propres enfants l'essai de l'éducation
qu'elles ont reçue et de servir de modèle aux mères de
famille comme elles en ont d'abord servi aux jeunes
personnes de leur âge.

Quand le fond de cette éducation, si complète à tous
égards, ne ferait que ressembler à celle que l'on reçoit
dans de semblables établissements en d'autres pays,
elle n'en aurait pas moins un caractère tout particulier
en Russie, par le grand but politique qui l'a fait instituer, et auquel elle répond si bien. Ce but n'est pas
un mystère. On le voit à découvert dans le soin qu'a
pris le fondateur de prémunir de bonne heure ces
jeunes cœurs contre la hauteur et l'exigence, dont il

est si facile de prendre l'habitude quand on commande
à des esclaves, en voulant que depuis les premiers
emplois jusqu'aux derniers, toute la maison fût ad-
ministrée et servie par des individus libres et autant
qu'on le peut, étrangers à la Russie proprement dite.
Mais il faut peut-être avoir vécu quelque temps dans
ce pays-là pour sentir tout le prix de cette mesure.
Que ceux qui sont étonnés de la rapidité avec laquelle
la nation Russe est parvenue à ce haut dégré de puissance, à ce point distingué de culture dans toutes les
sciences et dans les arts, dont on ne semble encore douter que parce qu'il paraît incroyable, fassent attention à
l'admirable ensemble de ces institutions, à l'inaltérable
constance avec laquelle son gouvernement en suit et
favorise, sans dévier, la marche et le développement,
et ils trouveront qu'il n'y a rien que de naturel dans
un résultat qui paraît si extraordinaire. Partout où de
telles causes de grandeur existeront, l'effet en sera à
peu près le même. Mais les princes de la vieille Europe
qui ont prétendu à la gloire institutive dans leurs
États, étaient aussi loin de la grande âme du législateur
moscovite que leurs peuples l'étaient de la simplicité
de la nature. Ils bâtirent sur de vieux débris des édifices frêles et menaçant ruine dès leur naissance. Ils
prirent les hommes comme ils étaient, au lieu de
s'efforcer à les faire devenir ce qu'ils devraient être ;

ils plièrent leurs institutions au caractère de leurs sujets, au lieu d'en redresser le caractère par les institutions; ils firent une œuvre facile mais peu durable, et,
après quelques instants de succès, laissèrent leur nation dans un état d'affaissement morale et politique
plus décourageant encore que celui où ils l'avaient
trouvée. S'ils ont suivi une marche opposée à celle de
Pierre-le-Grand, doit-on être surpris que l'effet n'en
ait pas été le même? Les penchants et les goûts des
citoyens peuvent infiniment différer entr'eux, la
société les modifie de mille façons : mais le cœur de
l'homme est toujours le même. Ayez le courage de
dérouler ses replis, sondez sa profondeur, mettez-le à
nu avant de commencer votre ouvrage, et j'ose vous
garantir que vous ferez œuvre durable. Travaillez
comme le fondateur de Pétropolis, et vous aurez ses
succès. Oh! qu'il est consolant pour les amis de l'homme,
pour ceux qui ne rangent point l'universalité de son
perfectionnement parmi les chimères de notre imagination, le spectacle que présente la marche non interrompue de cette valeureuse nation vers tous les genres
de gloire et de prospérité, de cette nation déjà colossale
dans son adolescence et dont un pressentiment général
semblait annoncer les grandes destinées à ceux même
qui n'en pouvaient connaître et apprécier les ressorts!
Il a été beaucoup fait; il reste à faire beaucoup encore;

mais le grand plan est tracé ; et depuis un siècle il s'est passé peu d'années qui n'en aient vu colorer quelque partie. Si une éclipse passagère en suspendit parfois le développement, ce ne fut que pour voir les grands principes reprendre bientôt le dessus avec une nouvelle énergie ; ce fut comme un de ces repos de la nature qui précèdent le redoublement de son activité. Ce que Catherine II a été pour Pierre Ier, Alexandre le sera pour Catherine : Alexandre préparera par de sages lois l'affrachissement général des serfs ; et la providence conservera les jours de ce héros, si jeune encore, jusqu'à l'époque fortunée où il pourra accomplir sans inconvénients ce grand œuvre de la politique et de la morale, ce triomphe de la justice qui le mettra fort au-dessus de tous les souverains dont l'histoire nous a transmis le nom et les exploits. (*V. note* 4.)

On trouvera peut-être que, comparativement aux bornes dans lesquelles j'ai resserré la partie la plus essentielle de cet écrit, j'ai donné trop d'extension à un chapitre qui semble n'avoir qu'un rapport très-indirect au sujet que je me suis proposé de traiter; mais en isolant la constitution de l'État du droit civil, j'ai pensé qu'il importait de prouver par combien d'autres supports non moins faciles à trouver, bien plus sûrs encore et plus énergiques, on pouvait suppléer à l'appui douteux et tout à fait illégitime

qu'on avait prétendu jusqu'à présent lui donner, en
violant en sa faveur l'indépendance de la loi civile.
Il est des esprits timorés qui, parmi les différents dangers dont un État peut être menacé ne voient jamais
que celui de l'anarchie, et ne croient jamais le gouvernement assez fort pour repousser les attaques in-
sensées du fantôme que leur peur a créé. Et nous
aussi, nous voyons dans l'anarchie le plus grand des
fléaux, comme dans la faiblesse ou la tyrannie du
gouvernement, le chemin qui, tôt ou tard, le précipite
dans cet abîme. Mais les gouvernements s'affaiblis-
sent, en se compliquant ; en confondant l'action générale du corps social avec les différentes actions
particulières des principales divisions de ce corps ; en
se chargeant de plus de responsabilité qu'ils n'en peuvent supporter ; en ignorant le mal qu'ils font ou qui
se fait en leur nom ; en devenant injustes et oppres-
seurs, sans mauvaise intention et sans nécessité :
toutes conséquences inévitables de leur empiètement
sur la loi civile, dont l'indépendance au contraire les
débarrasserait d'une infinité d'actes obscurs, odieux
même quelquefois, qui ne font qu'entraver leur marche et rendre moins pur l'éclat qui les environne. Oui,
quelles que soient la forme et l'essence du gouvernement, monarchique ou républicain, constitutionnel ou
absolu, la force publique, et les lois et les usages qui

la régissent, n'étant que le moyen imaginé par les fondateurs de la société pour garantir le maintien du pacte formé entr'eux, ce pacte, représenté à nos yeux par la loi civile, doit être encore plus inviolable et plus sacré que le gouvernement lui-même. Une bonne législation civile et criminelle est donc le premier besoin et le premier vœu de tous les peuples, comme elle est le plus essentiel des devoirs de ceux qui les gouvernent. C'est le bien dont les hommes sont appelés à jouir dans toutes les opérations de leur vie et à toute heure; c'est pour l'obtenir ou pour en assurer la conservation, lorsqu'ils la croient menacée, qu'on les voit quelquefois pousser leurs investigations hardies et leurs analyses jusqu'à la nature de la puissance qui les régit. Voulez-vous les détourner d'en venir trop souvent à cette extrémité? Hâtez-vous de leur accorder ce qui a été le but primitif de leur association, et comme il est impossible d'avoir une bonne législation interne, sans la constituer dans une indépendance absolue de la forme du gouvernement, cessez enfin de lui contester cette indépendance. Le léger sacrifice que vous croirez avoir fait d'une partie de votre autorité, sera plus que compensé par la reconnaissance et l'amour de vos peuples, par le bien-être et le calme dont vous les verrez jouir, par la marche plus rapide et plus sûre de votre administration générale.

Alors, si vous êtes prince constitutionnel, votre organisation sociale ne verra point la simplicité de ses ressorts organiques se surcharger à chaque instant d'un rouage étranger. Vous aurez moins souvent à intervenir dans des discussions fastidieuses, qui n'auront plus aucun rapport avec l'emploi de votre autorité. Cette autorité, uniquement dirigée vers les grands moyens de protection, d'accroissement de bien-être et de gloire de la patrie, n'en répandra que plus de lustre au dehors, n'en recevra que de plus purs hommages dans l'intérieur. Que si, au malheur d'être souverains absolus, vous ajoutez la crainte de cesser de l'être, vous n'en êtes encore que plus vivement intéressés à faire à vos peuples le présent si désirée d'une bonne loi civile, et je crois avoir prouvé quel est le seul moyen de l'avoir telle qu'elle doit être pour vos sujets et pour vous-même. Une bonne loi civile satisfait à tant d'intérêts, pourvoit à tant de besoins, garantit tellement le repos et la prospérité de toutes les classes de la société, qu'à moins que le gouvernement absolu ne dégénère en tyrannie, on peut presque assurer que le peuple qui jouira de ce bienfait inappréciable, laissera son despote gouverner paisiblement comme il l'entendra la masse générale des intérêts nationaux. On ne cherche guère à remonter à la source de ses maux que quand on est accablé ; et il y a peu d'exemples de nations bien gouvernées dans le fait, que le seul amour des principes ait lancées dans l'arène des révolutions. On ne demande à grands cris des constitutions, on ne se détermine à réformer par la force, les défauts reconnus de celles qu'on a, que lorsqu'on ne peut obtenir du pouvoir régnant ou dirigeant le bien auquel on a droit de prétendre. Aussi longtemps que le pacte tacite est observé, personne ne s'avise de le faire mettre par écrit. Autant donc pour le maintien des constitutions existantes que pour l'éloignement des concessions qu'on n'aime point à faire, il est essentiel de donner le plus tôt possible aux peuples qui ne l'ont point encore, une bonne loi civile, et en proclamant hautement son indépendance de la constitution de l'État, quelle qu'elle soit, désaccoutumer le vulgaire de l'habitude où il est de les confondre dans son amour comme dans sa haine ; confusion qui, si elle n'a pas été la cause immédiate des subversions politiques qui ont si souvent ensanglanté la terre, en a bien certainement augmenté les fâcheuses conséquences, et rendu plus générale la désolation.

FIN.

NOTES

Page 52, note 1.

Loin de moi l'idée de vouloir affaiblir l'admiration que l'histoire nous a inspirée dès l'adolescence pour ces intrépides guerriers de l'antiquité, pour les habitants de ces nobles cités
plus admirables encore qui, pressés par un ennemi implacable,
dont les aveugles fureurs les menaçaient des maux les plus
extrêmes, préférèrent s'ensevelir, avec tout ce qu'ils possédaient
de plus cher, sous les ruines fumantes de leurs temples et de
leurs palais, plutôt que de subir un dur et honteux esclavage,
mille fois pire que la mort. Mais qu'il me soit permis de dire qu'ils
ne sont pas moins et qu'ils sont peut-être plus recommandables
encore, ceux de nos contemporains qui, par seul attachement à
leurs devoir, par le seul amour de la gloire et de la patrie, ont
opéré les mêmes prodiges et souffrent les mêmes maux. N'étant
point stimulés par des motifs aussi déterminants, étant plus
libres de faire ou de ne pas faire les mêmes choses, ils ont dû
trouver en eux-mêmes un degré supérieur d'énergie qui compensât la moins vive action qu'ils recevaient de dehors. Dans
l'état actuel de la civilisation européenne, le passage d'une domination à une autre est pour la ville ou la province conquise
un assez petit malheur, quelquefois même un avantage. Il y
aurait de la folie à une telle cité à imiter le courageux désespoir
de Numance; et l'officier qui, dans un cas ordinaire, entouré
de toutes parts par des ennemis beaucoup plus puissants en
nombre et en moyens offensifs, se ferait exterminer avec sa

troupe plutôt que de conserver, par une capitulation honorable, ces braves à leurs familles et à leur souverain, serait un fou, j'allais dire une bête féroce, indigne de commander à des hommes. Le courage qui n'est point guidé par la raison n'est qu'un instinct brutal; et si l'on y fait attention, on verra que les anciens historiens eux-mêmes n'ont consacré, dans leurs pages immortelles, les grands traits de bravoure et de dévouement que lorsqu'ils étaient inspirés par l'enthousiasme de la vertu et l'héroïque passion du bien général. — La mort de Caton a fait l'admiration des siècles; qu'est-elle cependant, à l'envisager isolément des circonstances, qu'un suicide comme mille autres qui eurent lieu peu d'années après? Brutus et Cassius se donnèrent de même la mort après la perte de la bataille de Philippes; et cet acte de désespoir, qui fit à peine sensation dans le temps, semble terminer tout naturellement leur carrière. D'où vient la différence qu'on paraît s'être accordé à mettre entre la fin tragique de ces derniers des Romains? C'est que le suicide de Caton était pour lui un acte tout-à-fait volontaire. Caton était sûr non-seulement de la clémence, mais de l'amitié de César, s'il voulait courber sa tête altière sous le nouveau joug de la patrie. Le but du sacrifice de Caton était d'avertir les Romains que la perte de la vie était préférable à la perte de la liberté, et d'imprimer dans l'âme des jeunes patriciens un sentiment d'horreur pour la tyrannie, même la plus douce. L'action de Caton était à la fois grande et bien motivée; elle avait été discutée et pesée par ce fameux stoïcien avec tout le sang froid qui caractérisait sa secte. La raison dicta l'arrêt, le courage l'exécuta. Brutus et Cassius ne furent point libres dans le choix de la détermination qu'ils prirent; ils étaient proscrits et sous le poids d'un arrêt de sang que les vainqueurs n'eussent pas manqué de faire exécuter avec toute la barbarie dont ils avaient déjà donné tant de preuves. Leur suicide fut l'effet d'un calcul très-juste, mais qui n'a rien d'héroïque, parce qu'il fut tout-à-fait personnel et dicté par les circonstances. Ils choisirent la moindre entre deux calamités inévitables : c'est toujours fort bien fait; mais il n'y eut rien là de surnaturel et qui pût donner à ce suicide l'éclat réservé aux actes inspirés par une magnanimité libre, et qui consacre des leçons utiles au genre humain.

Page 54, note 2.

Pour citer un exemple entre mille, ce fut, sans contredit, une belle institution politique que la magistrature des éphores, établie à Lacédémone pour surveiller et balancer le pouvoir de ses rois; mais que dire de la loi qui encourageait le vol par l'impunité la plus scandaleuse, afin, disait-on, d'habituer les jeunes soldats (et tous les enfants de Sparte étaient soldats), aux ruses de la guerre et à la fermeté de la contenance dans les moments de danger? Quelle société que celle qui a besoin de pareilles ressources pour se soutenir !

Page 61, note 3.

Ceux qui ont prétendu tirer de la servitude personnelle établie chez les Romains, comme chez tous les peuples de l'antiquité, des objections contre la loi civile, ont oublié que l'esclavage et ses règlements faisaient partie de l'état politique, et non de la loi civile des Romains; que les esclaves, ne jouissant point du droit de cité, étaient hors de la loi commune, et régis par des ordonnances d'exception qu'il ne faut point confondre avec le droit civil dont nous parlons ici. Sans faire l'éloge de ces ordonnances, on peut dire au moins que, tout en assurant la propriété des maîtres sur leurs serfs, elles tendaient à faciliter et encourager leur affranchissement par l'intérêt bien ménagé des deux parties.

Page 162, *note* 4.

Que dirait l'auteur, s'il vivait encore, de voir sa prédiction si bien réalisée, non-seulement par l'Empereur Alexandre Ier, mais surtout par son digne successeur, Alexandre II, dont le règne a déjà tant d'éclat et répand tant de bienfaits sur ses peuples? (*Note de l'Éditeur*).

TABLE DES MATIÈRES.

A GUYOT et SCRIBE, Imprimeurs de l'Ordre des Avocats à la Cour de cassation et
au Conseil d'État, rue Neuve-des-Mathurins, 18.